EXTRAIT
du Bulletin de la Société de Géographie
d'Alger et de l'Afrique du Nord

L'ALGÉRIE

PENDANT CES

DIX-HUIT MOIS DE GUERRE

PAR

M. VICTOR DEMONTÈS

PROFESSEUR AU LYCÉE D'ALGER

ALGER

IMPRIMERIE ALGÉRIENNE

1916

8° L K 8
2336

EXTRAIT
du Bulletin de la Société de Géographie
d'Alger et de l'Afrique du Nord

L'ALGÉRIE

PENDANT CES

DIX-HUIT MOIS DE GUERRE

PAR

M. VICTOR DEMONTÈS

Professeur au Lycée d'Alger

ALGER
IMPRIMERIE ALGÉRIENNE
1916

L'ALGÉRIE

pendant ces
Dix-huit mois de Guerre

Il peut paraître téméraire et quelque peu paradoxal de vouloir écrire un article sur la situation de l'Algérie pendant ces dix-huit mois de guerre. Les exigences de l'intérêt national sont si impératives dans cette période de crise mondiale qu'elles font du silence sur certaines questions une véritable loi ; aussi, aurions-nous rejeté comme mauvaise la suggestion de traiter un semblable sujet si nous avions supposé un seul instant que ce que nous allions dire fût imprudent ou dangereux. Mais de quoi parler, en ces heures tragiques, sinon de ce qui nous tient le plus à cœur ? Nos préoccupations vont avant tout aux difficultés du présent et nos vues se portent vers l'avenir ; les études simplement théoriques et historiques n'offrent plus d'intérêt : on veut du pratique et de l'actuel.

La nécessité de nous en tenir aux faits actuels est l'excuse de cette étude ; l'obligation, non moins importante de ne pas nous exposer aux ciseaux de la censure, la limitera, la rendra fragmentaire et l'orientera vers des fins très nettement définies. Il ne saurait être question de toucher ici aux événements militaires, bien que nombre d'entre eux aient déjà fait l'objet d'articles de revue. Quand il sera permis d'écrire l'histoire de cette guerre, on verra quels importants contingents militaires la colonie a fournis à la Métropole, et quelle part splendide nos troupes algériennes, tant européennes qu'indigènes, — zouaves, tirailleurs, chasseurs d'Afrique, spahis, — ont prise à l'épopée de notre grande armée. Nous nous excusons de n'en rien dire quand tout serait si beau à raconter. Les grandes batailles du front, comme les mille traits individuels de bravoure et d'héroïsme, d'autres les publieront demain, lorsque, dans la paix de la victoire, la nation reconnaissante glorifiera ses morts sublimes.

Pour nous, dans les circonstances actuelles, nous nous bornerons aux problèmes économiques et aux questions indigènes. Même réduite à ces matières, notre étude offre quelque intérêt d'actualité et peut fournir de précieux enseignements. La vie nationale a été et est encore profondément troublée ; on a pu craindre une diminution trop forte de nos productions agricoles et un ralentissement excessif de nos entreprises industrielles ; cette crise se serait traduite par un drainage dangereux de notre numéraire en or. Le rôle des colonies n'était-il pas pourtant de venir en aide à la Métropole, de l'alimenter, de la soutenir par tous les moyens possibles ? L'empire colonial français, formé de pays situés sous toutes les latitudes et par suite aptes à produire les denrées les plus diverses, semblait devoir mettre notre patrie dans une situation exceptionnellement favorable pour continuer la lutte, à condition toutefois qu'on sût utiliser les ressources qui s'offraient. Et l'Algérie, partie intégrante de cet empire mais si rapprochée de la Métropole qu'à certains hommes politiques elle a paru n'en être que le prolongement, était mieux placée que toute autre pour donner cette assistance effective. A compter ces milliers et ces milliers de tonnes de marchandises qui s'embarquent dans les ports algériens à destination de la France, on se rend mieux compte aujourd'hui qu'en temps ordinaire de l'utilité, ou même de la nécessité vitale de possessions coloniales pour les nations européennes engagées dans la guerre actuelle.

C'est aussi pendant la guerre que l'on peut le mieux apprécier les résultats de la politique suivie jusqu'à ce jour à l'égard des populations indigènes. Les marques répétées de dévouement à notre cause que nous ont données la plupart des notabilités musulmanes, le loyalisme des masses prouvent que nos méthodes de gouvernement n'étaient pas aussi mauvaises qu'on le prétendait. Que d'exagérations, que d'idées fausses cette expérience de dix-huit mois aura permis de rectifier ! C'est là un critérium très sûr. Non pas que nous voulions soutenir qu'aucune amélioration n'est à apporter dans nos méthodes administratives et que des réformes ne soient pas à tenter. Nous estimons que la France a contracté des obligations nouvelles à l'égard de ses sujets algériens du fait même du concours qu'ils ne lui ont pas marchandé. Mais que la politique libérale et confiante que l'on veut inaugurer tienne grand compte des conditions du milieu algérien ! et qu'elle se rappelle que c'est pour ne les avoir pas ignorées que les méthodes anciennes ont résisté à l'épreuve redoutable de la guerre d'aujourd'hui !

I

Du mouvement économique et financier d'un pays les banques et notamment les banques d'émission offrent le tableau le plus fidèle. Grâce à leur privilège, elles sont, particulièrement en temps de crise grave, les dispensatrices du crédit. Leur rôle est de tout premier ordre parce qu'à ce moment elles fournissent le concours le plus effectif à l'État, et qu'il dépend d'elles d'accorder aux commerçants et aux particuliers d'opportunes facilités. C'est donc l'examen attentif de leurs bilans qui donne aux gens avertis des indications sûres.

Depuis le mois d'août jusqu'à ces derniers jours, la Banque d'Algérie a publié les comptes-rendus de deux exercices. Ces exercices s'ouvrant le 1ᵉʳ novembre de chaque année pour se clore au 31 octobre de l'année suivante, les effets de la guerre n'avaient pu avoir sur l'exercice 1913-1914 qu'une influence assez faible : les trois derniers mois seulement avaient été affectés par la crise. Or tous les chiffres, cités dans ce premier compte-rendu, témoignaient de la bonne situation de la Banque à cette époque, et comme banque d'émission et comme banque privée. Le censeur constatait avec satisfaction dans son rapport annuel que la circulation fiduciaire ne s'était accrue d'un exercice à un autre que de 125.741.075 francs, avec un montant de billets de 354.207.225. Et la loi du 5 août 1914 et le décret du 16 septembre suivant avaient autorisé cet établissement à porter son émission à 450 millions, ce qui lui laissait une marge de 96 millions. D'autre part, en tant que banque privée, elle pouvait distribuer un dividende de 110 francs net, supérieur de 5 francs à celui de l'année précédente. Les bénéfices nets, accusés par ce bilan de 1914, s'élevaient à la somme de 12.257.970 fr. 94, soit un accroissement de 912.514. Quant aux bénéfices bruts qui paraissaient avoir subi une forte diminution, ils étaient compensés par un fléchissement correspondant des charges extraordinaires.

Cet état si favorable n'avait été acquis, le Directeur le reconnaissait, que par une politique d'abstention et par un refus opposé aux sollicitations des administrations algériennes. Le souci d'éviter la dépréciation des billets, disait-il, « ne permet pas d'étendre les rela-« tions de la Banque avec le commerce, l'industrie et l'agriculture, « autant que les administrations locales le demandent parfois ». C'est sans doute à cette attitude de notre banque d'État algérienne que le Gouverneur général faisait allusion quand, au mois de mai dernier, il parlait des difficultés qu'avaient rencontrées les agriculteurs, petits et moyens : « La question est encore brûlante, disait-il ; « elle pourrait facilement devenir irritante. Il convient de ne point « l'envenimer. Chacun sait d'ailleurs que les démarches auxquelles « nous nous sommes livrés, et que nous avons la conscience d'avoir « conduites avec tous les ménagements et toute la courtoisie désira-« bles, n'ont pas eu l'efficacité suffisante. Il est même arrivé qu'elles « fussent méconnues ou travesties ».

Il n'y a plus d'inconvénients, croyons-nous, à préciser les causes du débat entre la Banque et le Gouvernement général. La campagne viticole de 1914 avait été très bonne ; la production avait dépassé dix millions d'hectolitres pour l'Algérie, mais cette surabondance avait été une première cause de dépréciation de ce produit. Puis, la guerre était venue avec la désorganisation des transports maritimes, le retard inévitable des livraisons, l'arrêt des achats par le commerce. On vendit peu et mal. Or, quand il s'agit de soigner la vigne au printemps suivant, les disponibilités des agriculteurs étaient faibles, la lutte contre les maladies cryptogamiques devenait particulièrement difficile et onéreuse par une année très humide. Le warantage des vins aurait alors rendu les plus grands services, et l'action de l'administration s'exerça en ce sens auprès de la Banque. Un prêt de 1 à 2 millions, largement garanti par le prix du vin ou même par celui de l'alcool qu'il contenait, aurait permis de sauver près de deux millions d'hectolitres de la récolte de 1915. Ce ne fut pas l'avis du Directeur de la Banque ; et il persiste aujourd'hui encore dans son opinion :

« Les événements ont prouvé que les sollicitations auxquelles la « Banque a résisté étaient sans utilité pour l'intérêt général. »

Il s'exprime ainsi dans le dernier rapport annexé au bilan de l'exercice 1914-1915. Il ajoute que jamais le crédit de la Banque d'Algérie « n'a reposé sur des bases aussi solides ; jamais elle n'a eu plus de raison de regarder l'avenir avec confiance ». Le censeur des comptes, à son tour, parle de la dette de reconnaissance, que le conseil d'administration a contractée envers le Directeur général, pour sa prudente et habile administration. Il est juste de reconnaître que ces constatations sont exactes et ces éloges mérités, si l'on ne voit dans la Banque de l'Algérie qu'une banque privée ; mais beaucoup soutiennent qu'au cours de la tourmente, cet établissement aurait dû se souvenir plus souvent qu'il est en même temps une banque d'État, et qu'à ce titre il est obligé dans sa gestion de tenir grand compte des intérêts généraux.

Comme banque privée, sa position actuelle est, en effet, excellente, meilleure même en 1915 qu'en 1914. C'est un fait qui, si surprenant soit-il, a bien sa valeur. Le numéraire en caisse est, en effet, en augmentation de cinq millions et ces fonds, ajoutés à la valeur du portefeuille, dépassent de 26 millions et demi le montant des billets en circulation, lequel s'élève à 416.583.385 francs. Les réserves n'ont pas été entamées : elles atteignent près de 30 millions. Les disponibilités sur la France et l'Étranger, à la suite de l'accroissement de nos exportations, se sont élevées de 11.200.000 en 1914 à 22.600.000 en 1915 : « Jamais, dit le Directeur, elles n'ont été aussi considérables ». Les bénéfices bruts de l'exercice s'élèvent à 19 millions et demi et, si les bénéfices nets ont été réduits à 7 millions et demi, c'est que l'on a incorporé au bilan le montant de la réduction de 20 francs par titre de rente amortissable 3 0/0, soit près de 6 millions de francs. Enfin, — et c'est là de toutes les preuves de la prospérité de cet établissement la mieux comprise par les actionnaires, — le dividende a été maintenu au chiffre habituel de 110 francs.

Donc, il est bien vrai que la position de la Banque de l'Algérie reste inébranlable après quinze mois de guerre. Reste pourtant à savoir, et c'est là-dessus que la critique peut avoir quelque prise, de quelle manière elle a pu ainsi ménager son capital et comment elle est parvenue aussi à conserver ses profits habituels. On fait remarquer que le chiffre de ses affaires a été réduit à une somme de 650 millions ; il est « inférieur à la moyenne », — le Directeur l'avoue, mais il ajoute aussitôt, — « il ne laisse pas, étant données les circonstances, d'être considérable ». Le mot considérable est peut-être de trop, car la comparaison avec les exercices précédents fait ressortir une chute très forte. En 1913, le nombre des effets s'élevait à 1.309.822, et leur valeur à 2.096.946.231. En 1914, première chute : nombre des effets 1.062.393 ; valeur 1.533.068.394. En 1915, deuxième chute plus rapide encore : nombre des effets 122.275, valeur 884.000.000. On remarquera que le nombre des effets a subi une baisse beaucoup plus forte que leur valeur. Et c'est l'origine d'un second reproche que l'on adresse à la Banque, le plus grave de tous à notre avis. Les petits clients ont disparu de l'escompte ; seules, les grosses maisons, offrant toutes garanties, ont pu faire escompter leurs effets. La preuve de cette inégalité de traitement est facile à indiquer : en 1913, la moyenne des valeurs admises à l'escompte était de 1.535 francs environ ; en 1914, elle fut de 1.457 ; mais elle est montée en 1915 à 5.325.

Quoi qu'il en soit de ces critiques, — et nous avons voulu les présenter sous une forme très objective, nous gardant de prendre part à ce débat — il est à retenir que la Banque de l'Algérie est malgré quinze mois de guerre dans une situation des plus satisfaisantes, et qu'elle la doit à un concours de circonstances favorables autant qu'à la politique de son Directeur ; il est à retenir aussi qu'elle n'a pas rendu tous les services généraux qu'on était en droit d'attendre d'un établissement public. Au demeurant, nous croyons que notre système bancaire répondra de moins en moins aux exigences d'un lendemain de guerre ; c'est sa refonte que réclament déjà des hommes politiques avisés : « Transformer, dit M. Herriot, notre système bancaire, bon, « tout au plus, pour des rentiers paresseux ; faire de la banque l'auxi- « liaire et non l'ennemie de la production nationale ; créer de la « richesse pour que chacun, ouvrier ou patron, en ait sa part ; donner « à la France un outillage national vraiment moderne ; ne plus aban- « donner au hasard notre commerce d'exportation », voilà l'œuvre de demain, aussi bien en Algérie qu'en France.

La guerre, en tarissant la source d'un grand nombre de recettes, devait créer à la colonie de grosses difficultés budgétaires. Dès les derniers mois de 1914, elles se firent sentir, et elles allèrent en s'aggravant au cours des mois suivants. Le Gouverneur général en avait mesuré toute l'étendue. Son discours d'ouverture aux Délégations financières en mai 1915, trace un tableau sincère des déficits certains ou à prévoir pour 1914 et 1915 ; il étudie les moyens que l'on pourrait employer pour atténuer les insuffisances de recettes en

1916 et, à cette occasion, énumère les impôts nouveaux auxquels l'administration a songé pour équilibrer le budget.

Cet équilibre du budget, on put le réaliser aisément pour l'année 1914 en comblant le déficit de cette année par l'excédent du fonds de réserve de 1913, soit 14.322.043,98.

Mais comment couvrir celui de 1915, assurément beaucoup plus considérable ? On ne saurait l'évaluer exactement. Peut-être s'élève-ra-t-il à 35 millions, peut-être à 20 seulement. Il semble que cette dernière estimation doive se rapprocher de la réalité plus que la pre-mière, étant données la bonne récolte de céréales et la reprise par-tielle de la vie économique. On songea d'abord à des moyens de for-tune : suppression d'une somme de 9.956.000 fr. affectée à la ligne du chemin de fer de Bizot-Djidjelli, mais ce n'était qu'un palliatif auquel on fut obligé de renoncer ; perception au bénéfice de l'Algérie d'un partie des cent millions que, par convention passée le 20 novembre 1911, l'État français avait imposés à cet établissement financier comme contribution en cas de guerre, mais le gouvernement de la Métropole fit entendre qu'il se réservait pour lui-même le paiement éventuel de cette somme. La combinaison à laquelle on s'arrêta fut préparée par le Ministre des Finances : « L'Algérie sera autorisée par « le législateur à émettre pour 50 millions de bons ; ces bons seront « escomptés par la banque de l'Algérie aux conditions suivantes : « intérêt de 4 % l'an, perçu au moment de l'escompte. La banque « de l'Algérie émettra une nouvelle tranche de billets d'une valeur « correspondante de 50 millions. Le remboursement de ces bons aura « lieu dans un délai de deux ans ». Donc, pour 1913 comme pour 1914, les difficultés se trouvaient aplanies.

Mais elles devaient renaître plus pressantes, quand il s'agit d'éla-borer le budget de 1916, le premier qui ait été établi après la déclara-tion de guerre. Evidemment, l'administration, comme c'était son devoir, se livra d'abord à une compression énergique des dépenses. Elle avait d'ailleurs, dès 1915, différé toutes celles que sans danger on pouvait arrêter. Elle supprima d'autre part les subventions aux différentes sociétés ou œuvres algériennes ; elle supprima les amélio-rations du personnel. Mais, en dernière analyse, elle se trouva en pré-sence d'une insuffisance de recettes de 10.500.000. Or, pour parer à cette insuffisance, les Ministres de l'Intérieur et des Finances se refusèrent à les laisser couvrir par des avances de la banque de l'Al-gérie ; ils estimèrent que le « budget de 1916 n'étant plus un budget « de guerre, mais un budget d'année normale, ne devait être équilibré « que par des moyens normaux, c'est-à-dire par l'impôt ». Il fallut donc que l'administration de la colonie étudiât et préparât, d'accord avec le Gouvernement métropolitain, un certain nombre de projets d'impôts de guerre, « revêtant par leur forme et leur nature un caractère essentiellement occasionnel et provisoire ».

Ces propositions, présentées aux délégués financiers en leur session de mai 1915, furent assez mal accueillies. La section des colons se montra intransigeante ; elle ne voulait à aucun prix entendre parler d'impôts nouveaux et peu s'en fallut qu'elle ne renvoyât au gouvernement un budget dont par avance il avait dit qu'il ne voulait pas. Cette irritation se calma par la suite ; plusieurs votes réduisirent encore les dépenses. Malgré ces économies, le budget n'était toujours pas en équilibre et l'on fit enfin comprendre à quelques délégués la nécessité inéluctable de voter des impôts nouveaux. Les taxes proposées ne trouvèrent pas toutes grâce à leurs yeux. On en remania le nombre et le quantum. Faut-il ajouter qu'il se livra à ce sujet une lutte très dure, très âpre et, pour tout dire, très intéressée ?

Les délégations se mirent d'accord ; elles frappèrent plusieurs produits exportés d'Algérie pour toutes destinations et les taxes furent exigibles à la sortie du territoire. Les chevaux et les mulets algériens paieront ainsi dix francs par tête, les bovins 1,50. Les ovins ne sont pas taxés, mais leur laine supportera un droit de 1 franc par quintal, les peaux un autre de 1,50. Les blés, les avoines, les orges, les pommes de terre, tout cela paiera, mais quelques centimes par quintal ; les minerais de fer sont assujettis à une taxe de 40 centimes la tonne. On ne toucha pas au droit de 0.25 par hectolitre de vin, mais on porta le taux du droit de circulation de ces vins à 1,20 ; or, celui-ci est acquitté généralement par le consommateur. Enfin, on fit état d'une dernière recette de 300.000 francs que devait rapporter la création d'un timbre algérien.

Longue et laborieuse avait été la session des Délégations Financières ; courte et simple fut celle du Conseil Supérieur. Elle ne dura que trois jours ; cela n'empêcha pas cette assemblée de se livrer à une critique très vive des décisions qui avaient été prises. Comme on le sait, le Conseil Supérieur n'a pas le droit d'initiative, il n'a que celui de critique ; cette fois-ci, il en usa largement. Dans son rapport sur le Budget (1), M. Descours, un délégué financier pourtant, s'exprimait ainsi : « Le budget de 1916 présente plus de défauts que de « qualités. Il réserve quelques surprises aux contribuables ; n'en « ayez pas trop de remords, la vie ordinaire en Algérie n'a en somme

(1) Conseil Supérieur du Gouvernement. Procès-verbaux des Séances. P. 81. **Libr. Victor Heintz, 1915.**

pas subi de dommages excessifs et les charges résultant de ces im-
« pôts seront supportables. Avec ses défauts, faites bon accueil à ce
« pauvre budget ; il a donné tant de mal à ses auteurs ! Pendant
« qu'on le construisait, les mauvais génies prédisaient qu'on ne pour-
« rait l'équilibrer. Nous vous le présentons mathématiquement en
« équilibre. Souhaitons que les vents lui soient favorables pendant
« son voyage pour l'ultime épreuve et que nous puissions le recon-
« naître à son retour ».

Cette ultime épreuve ne lui a pas été trop contraire. Ni la Chambre des Députés, ni le Sénat n'y ont apporté de sensibles modifica-
tions excepté sur un point. Pourtant ces Assemblées, par la voix de
leurs rapporteurs, ont cru faire quelques réserves ; le principe d'une
taxe à la sortie sur les principaux produits de l'Algérie leur paraît
fort critiquable. L'appeler taxe à la production ne doit pas faire
illusion, c'est en réalité une taxe à l'exportation, « système arriéré,
dit-on, condamné par la plupart des économistes » ; c'est au surplus
une entrave sérieuse apportée à la liberté des échanges entre la
France et l'Algérie. Quelques parlementaires ont même estimé que
cette taxe avait le caractère d'un droit de douane et que son établissement dépassait les pouvoirs dévolus aux Délégations Financières.
Cette objection a paru si sérieuse que le Conseil d'État a été consulté ;
il n'a pas retenu la question de principe mais a accentué le caractère
provisoire de cette imposition en limitant ses effets à une durée de
deux années.

D'autres critiques ont été adressées à ce budget. Suivant M. Chastenet, sénateur, il eût été plus prudent de désaffecter purement et
simplement la portion des excédents du fonds de réserve non encore
dépensée, mais que des votes successifs des Délégations avaient
destinée à quelques travaux publics. L'Administration algérienne
s'était, au début, engagée dans cette voie, notamment pour la somme
de 10 millions de la ligne de Bizot à Djidjelli, mais, dit le rapporteur,
« les réclamations des populations, intéressées à l'exécution des tra-
« vaux que touchait cette suppression de crédit, paraissent avoir
« été plus fortes que la bonne volonté de l'Administration et un dé-
« cret est venu rétablir l'emploi des excédents des fonds de réserve,
« tel que l'avaient voté les Assemblées algériennes ». En ce qui concerne le timbre algérien, Gouvernement, Chambre et Sénat ont été
d'accord pour en repousser la création. Ils l'ont écartée pour de nom-

(1) *Rapport de M. Chastenet sur le budget de l'Algérie. Officiel* du 20 janvier
1916. P. 365.

breuses considérations de fait et de droit ; le projet a même été qualifié, au point de vue politique, de « véritable contresens ».

Pourtant, à la décharge de ceux qui ont collaboré à l'établissement de ce pauvre budget algérien, n'est-il pas juste d'ajouter que bâtir sur des bases nécessairement instables était en somme une chose singulièrement malaisée, qu'il est toujours considéré comme impolitique par des élus de voter des impôts frappant leurs électeurs, et que, quoi qu'en ait pensé ou dit l'Administration métropolitaine, le budget de 1916 est, aussi bien que celui de 1915, un budget de guerre. Son équilibre ne peut être que factice et provisoire, bien que mathématiquement établi sur le papier selon M. Descours.

❖ ❖ ❖

Les statistiques douanières, si curieuses à étudier en temps normal parce qu'elles décèlent les moindres variations dans l'état économique du pays, sont plus intéressantes à examiner en temps de guerre, car elles témoignent des brutales et violentes répercussions qu'entraînent les hostilités dans le mouvement des échanges et elles permettent d'apprécier la valeur du concours matériel que les colonies apportent à leur métropole. Envisagé à ce point de vue, le rôle de l'Algérie mérite d'être précisé dans le moment présent, ne serait-ce que pour répondre aux détracteurs des colonies en général et de l'Afrique du Nord en particulier.

Dans l'ensemble des échanges, l'ouverture des hostilités ne pouvait d'abord se traduire que par un brusque fléchissement. Il suffit de jeter un coup d'œil sur le tableau que nous avons tracé du commerce spécial de l'Algérie pendant les cinq dernières années :

IMPORTATIONS DE L'ALGÉRIE

(Cinq années)

(Milliers de francs)

COMMERCE SPÉCIAL	1915	1914	1913	1912	1911
Matières animales.........	22.434	36.488	42.447	37.888	35.622
Matières végétales........	82.597	97.388	121.903	114.904	92.736
Matières minérales........	20.072	37.623	48.745	45.452	35.298
Fabrications	248.010	352.610	454.210	471.394	406.825
TOTAL	373.113	524.109	667.305	669.638	571.481

(1) Direction des Douanes de l'Algérie. Voir le *Bulletin comparatif mensuel du mois de décembre* 1915. Imprimerie Algérienne, Alger.

EXPORTATIONS DE L'ALGÉRIE

(Cinq années)

COMMERCE SPÉCIAL	1915	1914	1913	1912	1911
Matières animales.........	94.410	57.026	96.134	64.804	67.911
Matières végétales........	307.977	254.535	320.782	409.416	381.035
Matières minérales........	24.707	34.760	34.760	47.058	40.156
Fabrications	25.626	28.303	28.303	24.821	20.501
TOTAL.............	472.720	374.624	501.169	546.099	509.603

IMPORTATIONS ET EXPORTATIONS RÉUNIES

(Cinq années)

COMMERCE SPÉCIAL	1915	1916	1917	1912	1911
Ensemble........	845.833	898.733	1.168.474	1.215.737	1.081.084

Une simple lecture de ce tableau montre la régression subie par le commerce algérien en ces trois dernières années. En 1912, le total des marchandises importées ou exportées s'était élevé à 1.215.737 frs ; en 1913, il avait diminué légèrement 1.168.474. Survient le grand conflit européen ; alors il tombe à 898.733 en 1914 et à 845.833 en 1915, perdant ainsi de 250 à 300 millions. C'était une conséquence à peu près inévitable et à laquelle tout le monde s'attendait. Si quelque chose a surpris, c'est que l'effondrement n'ait pas été plus complet, étant donné la pénurie et les difficultés des transports, la hausse rapide des frets et la crainte des risques de mer par suite de la guerre sous-marine.

Si on compare maintenant le mouvement des importations et celui des exportations, on ne laisse pas d'être frappé par leur opposition très marquée en ces deux années de guerre. Tandis que les importations de France et de l'Étranger dans la colonie continuent à décroître régulièrement, les exportations de la colonie dans la Métropole et chez les alliés ont brusquement remonté, et leur valeur n'est que de quelques millions inférieure à celle des marchandises exportées avant la guerre. Voilà le fait essentiel, qui domine tout et dont la leçon est très haute. Nous allons essayer de la dégager.

Que les importations aient fléchi en 1914, qu'elles aient continué à décroître en 1915, rien de plus naturel. Il est à remarquer en effet, qu'en 1914 les échanges entre la Métropole et l'Algérie avaient été normaux pendant sept mois ; les achats s'étaient effectués régulièrement ainsi que les transports de marchandises, les industries métropolitaines avaient pu satisfaire aux demandes de leur clientèle algérienne. Arrive la mobilisation : les fabriques fermèrent pour la plupart, et les stocks existants n'alimentèrent plus le commerce que d'une manière insuffisante. De plus, par suite du resserrement immédiat et malheureusement prolongé du crédit, les maisons algériennes restreignirent forcément leurs commandes. Enfin, les capacités d'achat de la colonie faiblirent, d'autant mieux que l'année avait été déficitaire en céréales et que, si les vins avaient été particulièrement abondants, ils se vendaient mal.

En 1915, ce mouvement de décroissance des importations françaises ne pouvait que continuer ; elles perdent encore 150 millions sur les chiffres de l'année dernière, où elles étaient déjà en déficit de 125 millions sur 1913 ; c'est un déchet de 250 à 300 millions en deux ans. Il suffit d'ailleurs de parcourir les statistiques, article par article, pour constater ce recul général. Encore, sur les matières animales et végétales, parmi lesquelles se classent la plupart des denrées d'alimentation, il se maintient nécessairement un courant d'échange assez suivi. Les habitudes de vivre ne se perdent ni en quelques mois, ni en quelques années. Toujours, auprès des grandes maisons françaises d'exportation, la colonie s'approvisionne soit en viande de choix, beurres, fromages, poissons salés, graisses animales et en conserves de toutes sortes, soit en semoules, pommes de terre, légumes secs, fruits secs, sucres, cafés, chocolats, etc. Mais, là où les pertes sont les plus graves, c'est sur les matières minérales et les fabrications. Parmi les premières, les matériaux de construction ne représentent plus qu'une valeur très faible : la colonie importait, en 1913, pour 2.386.000 francs de chaux hydraulique, 3.241.000 de ciment, 1.328.000 d'autres matériaux, au total 6.955.000 ; elle n'a plus importé l'année dernière que 648.000 francs de chaux, 1.021.000 de ciment et 256.000 d'autres matériaux, soit une somme globale qui n'atteint pas deux millions, exactement 1.925.000. Faut-il parler des fabrications ? On ne fait plus venir d'articles de luxe ; plus de voitures automobiles dont l'achat en grandes quantités avait été autrefois signalé par les journaux et reproché aux Algériens : en 1913, ils y avaient consacré 23.226.000, ils n'y mettent plus que 1.385.000 en 1915. On n'achète plus aussi les instruments nécessaires : les machines agricoles, qui entraient dans les importations de 1913 pour une valeur de 7.397.000 francs, ne comptent plus dans celles de 1915 que pour une somme de 861.000. A ce dernier chiffre, on peut juger de la chute générale de ce commerce d'importation.

L'impression pénible que l'on ressent à compulser ces statistiques change peu à peu si l'on passe du tableau des importations à celui des exportations. Sans doute, il y a ici encore des manquants. Les matières minérales tombent de 34 millions à 24 ; on en connaît les raisons : les minerais de fer et de zinc, les phosphates, sans être moins demandés, donnent lieu cependant à des transactions moins actives tant par suite de la pénurie de main-d'œuvre que de la difficulté et de la cherté des transports. Les fabrications algériennes perdent aussi quelques millions ; toutefois, elles n'ont jamais été fort considérables.

Au contraire, les matières végétales passent d'une valeur de 254 millions à une autre bien supérieure de 327 millions, et les matières animales de 57 à 94. Deux gros chiffres surtout attirent l'attention : l'un est celui de la vente des moutons — 41 millions, l'autre celui de la vente des vins — 181 millions. Du premier, nous ne dirons rien pour le moment, nous réservant d'y revenir lorsque nous parlerons des indigènes qui sont les grands éleveurs de moutons de la colonie. Le second est le résultat de la plus belle récolte que l'Algérie viticole ait obtenue et des hauts prix pratiqués durant les six derniers mois de 1915. Nous avons déjà dit que la récolte de 1914 fut exceptionnelle et qu'elle atteignit 10 millions d'hectolitres, celle de 1915 fut au contraire médiocre, et ne produisit que cinq millions environ. Néanmoins, les disponibilités pour l'exportation furent considérables durant toute l'année dernière et cela explique pourquoi les quantités de vins exportés montèrent à 8.299.607 hectolitres. Les prix, très bas au début de 1915, se relevèrent en mai et juin, quand on apprit que les vignobles avaient été envahis par le mildiou, et cette hausse inattendue est la raison de ce gros chiffre — 181 millions.

Les autres résultats sont indiqués dans le tableau suivant ; nous n'y avons fait entrer que les principaux articles, mettant à côté des chiffres de l'année dernière ceux des deux années précédentes afin de faciliter la comparaison :

MATIÈRES ANIMALES (MILLIERS DE FRANCS)

	1915	1914	1913
Mules et mulets	2.494	901	1.053
Bœufs	10.326	4.324	7.160
Vaches, taureaux, taurillons	3.507	754	2.462
Porcs	1.579	160	927
Lainés	15.992	10.301	13.111

MATIÈRES VÉGÉTALES (MILLIERS DE FRANCS)

	1915	1914	1913
Céréales. — Grains. Froment Qtal.......	33.799	41.625	33.360
Avoine —	11.381	15.013	9.876
Orge —	7.726	17.846	16.826
Maïs —	156	245	13
Farines de froment..	7.076	6.730	4.862
Fruits Mandarines	2.005	1.657	2.160
Dattes	2.505	1.417	4.720
Raisins de table.....	2.123	2.152	4.501
Figues de table......	3.065	1.125	2.750
Tabacs En feuilles.........	4.859	6.605	3.415
Cigares...........	803	273	433
Cigarettes	10.044	6.605	6.916
Autres............	1.634	2.190	2.524
Huile d'olive...........	6.689	5.629	2.042
Légumes frais Artichauts.........	1.727	2.826	2.065
Haricots verts......	2.341	1.839	3.463
Tomates	890	1.209	2.053
Liège Vierge ou mâle......	119	913	1.241
Débris et déchets....	172	361	858
Brut proprement dit.	853	265	1.458
En planches régulières	3.387	8.370	9.946
Crin végétal........	3.110	4.973	8.324
Alfa...............	6.913	6.880	8.523

Si l'on excepte les lièges et le crin végétal, marchandises que la France ne demandait guère et qui s'expédiaient surtout dans l'Europe centrale, les denrées alimentaires sont en progression sensible. L'Algérie contribue de plus en plus à l'approvisionnement de la Métropole en viandes de boucherie, en céréales, légumes frais, fruits, légumes et primeurs. Désorientés d'abord par les conditions anormales dans lesquelles se tenait le marché pendant les premiers mois de la guerre, nos producteurs et nos commerçants se sont maintenant ressaisis ; ils s'en sont accommodés. On sent que les forces de la colonie se tendent vers un effort maximum.

Comme à ces heures critiques on sent mieux l'utilité des colonies ! Alors qu'une partie du sol national est occupée par l'ennemi et que les sources de la production agricole sont en partie taries par la mobilisation, c'est à ses possessions d'outre-mer que la Métropole fait appel pour assurer sa subsistance. A ce concours, elle trouve un double avantage : d'abord, d'accélérer la mise en valeur des pays qu'elle a conquis, puis de payer en monnaie fiduciaire les achats qu'elle effectue. Que sur le moment on se soit adressé à l'étranger, là où les produits agricoles et industriels étaient accumulés, nul ne saurait en faire un grief aux pouvoirs publics ; mais, puisque les hostilités se prolongent, que la guerre revêt de plus en plus les caractères d'une guerre d'usure, il importe de bien se convaincre de cette vérité que, pour pouvoir résister longtemps encore, les nations européennes doivent intensifier autant que possible et rapidement les productions de leurs colonies.

Assurément, il y aura un déplacement de capitaux, un enrichissement des pays neufs, mais ce déplacement n'aura lieu en somme que dans l'intérieur du domaine national et cet enrichissement profitera surtout à des compatriotes. Nous savons que l'on est convaincu en haut lieu de la nécessité de provoquer cet effort colonial. Des circulaires ont été adressées à l'Administration algérienne ; elles ont été rendues publiques ; c'est à tous les cultivateurs de l'Afrique du Nord que le Gouvernement s'adresse afin qu'ils sèment le plus de céréales, cultivent le plus de pommes de terre, de petits pois, de lentilles, de haricots, etc. Labourer toutes les terres possibles pour obtenir le rendement maximum est à cette heure un devoir ; pour ceux qui entendront cet appel, c'est aussi le moyen le plus sûr de faire fortune ; car, quoi qu'il arrive, les besoins seront si grands après cette guerre destructive que les moindres denrées auront toujours preneur à des prix élevés.

Que l'Afrique du Nord, un des plus riches empires qu'un État européen ait possédé, un des mieux placés aux portes de la France, puisse jouer ce rôle utile et glorieux ! Que de terres encore en friches qui demain ne devraient plus l'être ! Que de champs à mettre en valeur qui ne produisent pas ! Quels que soient les progrès réalisés par l'Algérie depuis plusieurs années, il en reste de plus grands à accomplir. Au lieu d'être achevée, la tâche ne fait que commencer. Quelles surfaces sont réellement utilisées, quelles sont utilisables, la question a été posée et résolue. Les Européens emblavent annuellement 809.884 hectares, ils ont constitué un vignoble de 160.473 hectares ; ajoutez quelques autres cultures, et vous aurez la superficie des terres cultivées par eux : 1.074.035 hectares. Les Arabes, pour leur part, labourent ou grattent, sèment ou plantent 2.869.267 hectares. Or, le sol cultivable s'étend sur 20 millions d'hectares ; un cinquième donc est réellement travaillé. Faites la part de l'exagération ; réduisez l'étendue de la terre arable à 10 millions ; il y en aura toujours cinq à six qui restent en friches à l'heure actuelle.

Or, dans la fertilité de cette terre africaine, tous les colons ont foi, une foi profonde, et la meilleure preuve n'est-elle pas fournie par l'habitude qu'ils ont d'y enfouir toutes leurs économies ? Ils préfèrent s'endetter plutôt que de la laisser improductive : « Dans leur « foi robuste dans l'avenir de ce pays, dit un document, ils transfor- « ment en capital productif, en outillage, la presque totalité des « bénéfices qu'ils perçoivent. Bien plus, ils ne conçoivent leur richesse « que comme un instrument de crédit. C'est ainsi que, pendant les « trois dernières années exceptionnellement prospères, la dette hypo- « thécaire s'est encore accrue de 310.000.000 et que les excédents « des inscriptions sur les radiations sont passés de 62.000.000 en « 1910 à 114.000.000 en 1911, et à 134.000.000 en 1912. »

Cette année, les colons ont bénéficié de rentrées importantes. Ils n'ont guère pu les employer en améliorations, puisque toutes les constructions se sont arrêtées et que les achats d'outils et de machines agricoles ont été réduits. Ils ont employé une partie de leurs économies à acheter des rentes sur l'Etat : les Algériens ont souscrit 132.000.000 à l'emprunt de la Défense Nationale et, avec le surplus, se sont constitué un fonds de roulement pour leurs travaux ordinaires, attendu qu'ils ne trouvent plus dans les banques les crédits auxquels ils avaient recours naguère.

C'est donc vers une plus grande activité économique, c'est vers un accroissement de nos importations en France que tous les efforts de l'Administration et des particuliers doivent être dirigés. L'Algéric se montrera ainsi solidaire de la Métropole dans le grand conflit engagé, elle pourra revendiquer une part dans la victoire. Pourtant, elle ne saurait jouer ce rôle que si la voie des mers reste ouverte et si les communications maritimes sont régulières et les prix des transports abordables.

❖ ❖ ❖

Que la rapidité et la régularité des communications maritimes soient les conditions de la coopération algérienne au succès final, des événements sont venus le démontrer il y a quelques jours à peine ; les circulaires ministérielles, recommandant de semer une grosse quantité de pommes de terre, étaient arrivées et on se préparait à s'y conformer ; mais où trouver des plants ? Le marché en était dépourvu. Des commandes avaient bien été passées pour des fournitures importantes et à des époques rapprochées ; les arrivages étaient retardés. Se produiront-ils avant que la saison soit trop avancée ? Ainsi qu'on l'a dit bien souvent, l'Afrique du Nord n'est qu'un îlot ; entourée par une mer sur trois côtés, enfermée au Sud par un désert elle ne peut recevoir des denrées du dehors et écouler ses propres productions qu'avec le secours d'une marine.

Or, jusqu'au mois de septembre 1914, les relations entre la Métropole et la colonie avaient été assurées tant bien que mal — plutôt mal que bien, pensaient les Algériens — par les trois compagnies subventionnées : la Compagnie Générale Transatlantique, la Compagnie de Navigation Mixte et la Société des Transports Maritimes. Brusquement, le 1er de ce mois, quelques jours avant la grande bataille qui sauva la patrie à la Marne, deux de ces compagnies, les deux premières, dénoncèrent le contrat qui les liait à l'État. Voici leur lettre, à laquelle sur le moment on ne voulait pas croire, tant la crise qu'elle ouvrait paraissait grave et l'heure peu opportune :

Paris, le 1er septembre 1914

Monsieur le Ministre,

Nous avons l'honneur de vous informer que, conformément aux dispositions de l'article 3 de la convention du 23 décembre 1908, pour l'exploitation des services maritimes postaux entre la France, l'Algérie, la Tunisie et le Maroc, la Compagnie Générale Transatlantique et la Compagnie de Navigation Mixte désirent reprendre leur liberté à partir du 12 mars 1915.

Nous avons signalé à maintes reprises, soit verbalement, soit par écrits, les difficultés de notre exploitation, en raison des charges très lourdes qui nous incombent et qui n'ont en contre-partie que des recettes insuffisantes et du reste limitées par les différentes dispositions qui nous lient.

Bien entendu si, au mois de mars prochain, les événements vous amenaient à nous demander notre concours, vous pouvez être certain que nous serions à votre entière disposition pou rechercher d'accord avec vous un régime provisoire, vous permettant d'avoir tout le temps nécessaire pour mettre sur pied une organisation nouvelle qui nécessitera, bien entendu, une procédure parlementaire que nous savons être longue.

Veuillez agréer, Monsieur le ministre, etc...

Signé : CHARLES ROUX.

Le moins que l'on ait pu dire de cette lettre, c'est qu'elle constituait, dans les circonstances où elle était adressée, un acte de véritable provocation. Pour en comprendre toute la portée, il importe de se rappeler la longueur et la lenteur des tractations dont le tardif aboutissement fut cette convention de 1908, valable seulement pour deux ans, mais renouvelable de six mois en six mois par tacite reconduction ; il faut se rappeler les plaintes des producteurs et des expéditeurs algériens comme de tous les passagers, et aussi les récriminations des Compagnies qui cherchaient, à chaque prorogation du contrat, à obtenir de nouveaux avantages ; il faut se rappeler surtout que récemment les Compagnies avaient laissé entendre que, pour l'exécution des services tels que les demandaient les représentants de la colonie, elles réclameraient une subvention d'au moins dix millions par an. Elles savent que pendant la guerre il sera matériellement impossible à l'Etat de se procurer un matériel naval approprié aux services franco-algériens. Les difficultés seront plus grandes encore au lendemain de la signature de la paix, car les besoins qu'il s'agira de satisfaire seront immenses et le nombre des navires limité.

Cette situation de fait qu'elles connaissent bien n'a fait qu'empirer depuis l'époque à laquelle cette lettre fut écrite ; que peuvent-elles escompter de ces embarras, sinon d'imposer à l'Afrique du Nord les conditions les plus draconiennes ? Leur politique ne s'affirme-t-elle pas ? Malgré les concessions qu'elles ont semblé consentir au Ministre de la Marine par lettres des 5 et 14 décembre 1914, elles ont profité de la crise actuelle pour « restreindre le nombre des voyages « dans les limites compatibles toutefois, disent-elles, avec les néces-« sités des communications commerciales et postales », et aussi pour obtenir que la prorogation du contrat actuel se renouvelle de *trois en trois mois*, par tacite reconduction, sauf dénonciation préalable *deux mois à l'avance* par l'une des parties. Donc, — et cela est plus grave, — la période de prorogation est maintenant réduite de six mois à trois mois, et celle de la dénonciation n'est plus que de deux mois. Que pourra faire l'Algérie, que pourra la France, à la fin de la guerre, si elles n'ont qu'un délai de deux mois pour traiter avec les Compagnies ? Elles n'auront qu'à choisir entre ces deux alternatives : ou bien subir les conditions léonines des armateurs, ou accepter l'éventualité d'une crise ruineuse pour la Colonie et la Métropole.

Deux moyens cependant s'offraient au Gouvernement de sauvegarder les intérêts de son empire africain ; car lui seul, quelque surprenant que cela puisse paraître, était en pourparlers avec les Compagnies, parce que lui seul était partie contractante. Le premier de ces moyens était assurément radical : il consistait à appliquer les articles 111 à 115 du cahier des charges, lesquels avaient prévu le cas de guerre et stipulé au bénéfice de l'Etat un droit de réquisition, en même temps que la prise de possession momentanée et à titre précaire des navires et de l'outillage de la Compagnie. Si même l'on ne voulait pas se contenter de ces facilités de jouissance, on pouvait faire jour l'article 116 : « En toute circonstance extraordinaire, « même hors le cas de guerre maritime, le Gouvernement peut *acheter* « ou *prendre à fret un ou plusieurs paquebots* ». Cette dernière mesure, écartée momentanément, fait cependant l'objet d'une étude attentive et son application est encore possible. Beaucoup de gens pensent

— et ce ne sont pas les moins avertis — que l'Etat, tant pour effectuer à moins de frais ses transports de troupes et d'approvisionnements de guerre que pour se prémunir contre les prétentions des Compagnies au lendemain de la conclusion de la paix, doit exercer les droits que les conventions lui ont reconnus, et *cela pendant la guerre.*

Il était un second moyen que l'on avait souvent préconisé. Combien de fois n'en avait-on pas parlé au cours des grèves dont la colonie avait eu si souvent à souffrir au cours de ces dix dernières années ? De la suspension du monopole du pavillon, l'Etat se servait comme d'une menace à l'adresse des Compagnies et des ouvriers ; il semblait qu'il suffisait d'agiter cet épouvantail pour que tout rentrât dans l'ordre. Or le Gouvernement fut bien obligé de constater, dans les premiers mois de 1915, que « la régularité des services habituels « entre la Métropole et ses possessions méditerranéennes avait cessé ». Une crise de transports menaçait de paralyser la vie économique de l'Algérie : toutes les associations commerciales de la colonie, tous les propriétaires viticulteurs et les négociants en vins élevaient de vives protestations. Aussi, deux ou trois jours avant l'ouverture des Délégations financières, le 31 mai, un décret suspendait, pendant la durée de la guerre, le monopole du pavillon entre la France et l'Algérie. Semblable satisfaction donnée aux Assemblées algériennes venait malheureusement à un moment où la situation maritime et commerciale était si bouleversée que ses effets devaient en être singulièrement atténués.

En mai, en effet, l'irrégularité des transports était due moins à la pénurie des navires qu'à l'encombrement des ports de la Métropole, à l'insuffisance de la main-d'œuvre dans ces ports, à la rareté du matériel de chemin de fer. Pourtant, cette simple menace de la concurrence étrangère a mis en garde les Compagnies françaises contre un abandon trop complet de leurs lignes d'Algérie ; la campagne des primeurs s'est effectuée normalement, les services ont été doublés et tout s'est en général bien passé durant les mois d'été.

A la fin du mois de septembre, la présence de sous-marins dans la Méditerranée, plusieurs torpillages retentissants, l'encombrement continu des ports, la hausse formidable des frets, et aussi la réquisition des plus belles unités de notre flotte méditerranéenne pour le transport des troupes alliées en Orient, l'élévation des droits de surestaries et la perte de nombreuses marchandises périssables, ont posé à nouveau cette question des transports. C'était au mois de juin dernier, la plus grave de toutes, suivant une parole du Gouverneur général. C'est, aujourd'hui, celle qui est la plus généralement débattue dans les milieux commerciaux. Toutes les Chambres de Commerce de la colonie s'en occupent, suggérant chacune un moyen de la résoudre. A Bône et à Constantine, on revendique « une part de 30 millions sur l'avance de 100 millions que l'Etat, d'après un projet de loi récemment déposé au Parlement, projette de faire à nos armateurs, pour permettre l'augmentation de la flotte française». A Oran, on a moins de prétentions : les Chambres de Commerce d'Oran et de Mostaganem se contenteraient d'une série de mesures capables d'assurer une meilleure utilisation des navires réquisitionnés, d'atténuer les difficultés qu'éprouvent les armateurs à recruter les équipages, de concilier les nécessités de la défense nationale et celles de l'activité économique de la colonie. Quant à la Chambre de Commerce d'Alger, plus prudente encore, elle suggère l'affrètement, aux frais de l'Algérie, de plusieurs navires neutres, dont le nombre et le tonnage seraient calculés de telle sorte qu'ils suffiraient à l'enlèvement de toutes les marchandises exportées ou importées. Rien n'est encore décidé. A l'heure actuelle le problème des transports est, pour l'Algérie, plus que la question bancaire, plus que les difficultés fiscales, la préoccupation des pouvoirs publics, des assemblées et de toute la population. L'intérêt de la France et de notre armée, comme la vie de la colonie, sont en jeu (1).

II

Si au point de vue colonial ces considérations économiques sur l'état de l'Algérie pendant dix-huit mois de guerre prouvent de quelle utilité peut être aujourd'hui un empire d'outre-mer pour une nation maîtresse des routes maritimes, cette même période nous apporte, par les multiples preuves du loyalisme indigène, par le dévouement des troupes algériennes, par la tranquillité dont jouit la

(1) La question des transports maritimes, entre la France et l'Afrique du Nord, vient de faire l'objet d'un rapport fort étudié de M. Broussais, député d'Alger. La solution préconisée est celle de l'organisation et de l'exploitation des services maritimes africains par un syndicat de chemins de fer français, algériens, tunisiens et marocains. Elle ne paraît pas entièrement nouvelle ; car elle a été proposée au temps, déjà lointain, où M. Révoil était gouverneur. A cette époque, elle fut écartée pour des raisons politiques ; et puis, il s'agissait alors, si mes souvenirs sont exacts, de confier à une seule compagnie de chemins de fer, en l'espèce la Compagnie P.-L.-M., le monopole de tout le trafic par voie ferrée en Algérie, et par voie maritime entre la Métropole et la colonie.

Le problème se présente aujourd'hui en des termes quelque peu différents, puisqu'il s'agit d'un consortium de Compagnies ; les objections politiques per-

colonie, de précieux enseignements sur la valeur de la politique musulmane suivie jusqu'à ce jour et des directions pour celle que l'on veut inaugurer demain.

Ce loyalisme, nul n'était mieux à même de le constater que le chef de la colonie ; nul aussi n'avait plus d'autorité pour le proclamer :

« Dès le premier jour des hostilités, a-t-il dit, l'indigène s'est donné à nous franchement et sans réserve. Il a senti confusément planer sur l'humanité comme un immense danger. Il a compris que nous approchions peut-être d'un des grands cataclysmes de l'histoire. D'un mouvement rapide, dont le caractère primesautier avait quelque chose de touchant, il s'est resserré contre nous. On dissertera sur le point de savoir si ce don si spontané a été instinctif ou réfléchi. Les deux hypothèses, remarquons-le, seraient également favorables à la souveraineté française, qui contient par elle-même une si haute puissance d'attraction et exerce un prestige si particulier sur les peuples où s'éveille un désir d'ascension et de civilisation. Cette adhésion à notre cause a été voulue par les indigènes. Depuis de longues années il leur avait été loisible de discuter librement tous les éléments du problème. Une propagande inlassable s'était exercée au milieu d'eux, et, sous le voile du panislamisme, que déguisaient les pièges allemands les plus perfides, aucune calomnie, aucune attaque n'avait été épargnée à l'administration algérienne ; aucune promesse, aucune suggestion n'avait été négligée. Vainement cherchait-on à faire dévier en eux le sentiment religieux si noble qui les anime. Vainement faisait-on appel à leurs devoirs d'obédience à l'égard d'un souverain temporel et spirituel dont l'indépendance n'est plus qu'un vain mot. Vainement leur soufflait-on des ressentiments et des colères contre une administration qui les traite avec équité et générosité, qui respecte eurs coutumes et leurs mœurs, qui leur assure la paix, qui leur prête la main dans toutes les circonstances de la vie économique et sociale !... Les indigènes ont rejeté avec mépris toutes les articulations de cette vile presse arabe qu'inspirait l'or allemand, et qui distillait sous tant de formes les poisons les plus subtils. Oui, les indigènes ont eu le loisir de mettre en parallèle leur sort actuel avec celui que le joug allemand leur eût réservé, ils ont opté pour la France. Je leur exprime ici, solennellement, la gratitude de la République. »

Malgré des défaillances rares et passagères (il eût été impossible qu'il ne s'en produisit pas), la conduite des masses indigènes est la grande et belle leçon de cette guerre. Elles ne se sont laissées ni

dent donc de leur valeur. Le projet de M. Broussais est d'ailleurs des plus séduisants et, si jamais il est réalisé, il contribuera à consolider définitivement notre domaine colonial nord-africain et à y développer une prospérité matérielle inespérée.

Sans vouloir entrer dans des précisions très détaillées, qu'il nous suffise, ici, d'indiquer que ce projet prévoit :

Six paquebots extra-rapides de 5 à 6.000 tonneaux (21 nœuds).

Six paquebots rapides de 3.500 à 4.500 (17 nœuds).

Douze paquebots mixtes, demi-rapides (16 nœuds).

Six cargo-boats (14 nœuds).

Le tout est de savoir si l'on pourra amener à une entente les Compagnies pa chemins de fer françaises et algériennes.

émouvoir, ni abuser par les coups de canon du *Gœben* et du *Breslau* ou par la déclaration de guerre de la Turquie. La mobilisation et la concentration à Alger des troupes, tant indigènes qu'européennes, a eu lieu avec la régularité et la précision d'un mouvement d'horlogerie ; les embarquements pour la Métropole soulevèrent l'enthousiasme de toutes les races composant la population algéroise. De notables musulmans engagèrent leurs coreligionnaires à prendre du service pendant la guerre ; beaucoup s'enrôlèrent, le Gouverneur général citait, au mois de mai, le chiffre déjà considérable de 30.000 indigènes engagés volontaires. Toujours, à toutes les souscriptions ouvertes en faveur des blessés et des œuvres charitables, les foules indigènes ont participé.

Il y eut un moment où l'on put craindre que ce loyalisme devînt hésitant ; ce fut lorsque la Turquie, inféodée à l'Allemagne et dirigée par quelques ambitieux, se laissa entraîner dans la tourmente. Or, à la suite de la proclamation adressée le 7 novembre aux Musulmans par le Gouverneur général, les protestations de fidélité affluèrent. Les chefs des grandes confréries (les Rahmania d'El Hamel, les Tidjania d'Aïn-Mahdi), les bachaghas et les aghas, les cheikhs et les cadis, les conseillers généraux et municipaux indigènes tinrent à honneur de déclarer publiquement leur attachement à la France ; ils repoussèrent les agissements du gouvernement turc : « Ces usur-« pateurs, dit l'un d'eux, ne s'aperçoivent pas que leurs actes de « rébellion doivent conduire la Turquie à sa perte et porter un grave « préjudice à l'Islam ; malheur à eux, puisqu'ils ont quitté le chemin « de la justice et du droit. »

Ces sentiments se sont traduits en actes sur les champs de bataille. Sans doute, « l'heure n'est pas encore venue, écrit M. Etienne dans « l'*Afrique Française*, de dire la part que les Africains ont prise à la « guerre. Cette histoire sera certainement écrite après la guerre. Elle « comptera de longues pages glorieuses dont les plus belles sont déjà « marquées par les noms des grandes batailles : Charleroi, La Marne, « l'Aisne, l'Argonne, l'Yser, la Champagne, les Eparges, Carency « l'Artois, les Dardanelles ». Si un récit complet et détaillé n'est pas encore possible, il est permis de cueillir, parmi les citations à l'ordre du jour de l'armée et parmi les propositions pour la médaille militaire ou pour la Légion d'Honneur, les preuves répétées de la bravoure de nos tirailleurs et de nos spahis. Il en est de touchantes, qui montrent l'affection des soldats indigènes pour leurs officiers :

AMMOR, soldat de 1ʳᵉ classe, au 8ᵉ régiment de Tirailleurs indigènes : « Le 24 septembre, a été grièvement blessé à la cheville en allant chercher, sous le feu des tranchées ennemies, un lieutenant d'infanterie coloniale blessé. Malgré sa blessure a sauvé cet officier. »

Mohammed ben Aouichi, caporal au 8ᵉ régiment de Tirailleurs indigènes «A été tué en se portant, sous le feu des mitrailleuses, au secours de son capitaine mortellement blessé. »

D'autres citations sont méritées par des régiments entiers ; elles témoignent de la discipline, de la ténacité et de l'esprit d'offensive qui animent certaines formations indigènes :

4ᵉ Régiment de Tirailleurs de Marche : « Après avoir pris part à toute la campagne du Maroc et assuré, héroïquement, en 1912, la défense de Fez, a fait preuve constamment, depuis le début de la campagne, d'une parfaite discipline et de l'esprit d'offensive le plus énergique. Le 16 juin, sous les ordres du lieutenant-colonel Daugan, a enlevé, de la façon la plus brillante et au prix de lourdes pertes, quatre lignes de tranchées ennemies et s'y est maintenu malgré un feu violent et des contre-attaques répétées. »

7ᵉ Régiment de Tirailleurs de Marche : « Le 9 mai, sous les ordres du ieutenant-colonel de Metz, a enlevé à la baïonnette avec un entrain superbe les positions ennemies, traversant sans s'arrêter quatre lignes successives de tranchées allemandes et gagnant quatre kilomètres de terrain. S'y est énergiquement maintenu pendant deux jours, malgré de violentes contre-attaques et un bombardement intensif et ininterrompu de front et d'écharpe (16 septembre 1915). »

Les chefs, comme les soldats, ont été pleins de valeur. La plupart ont été l'objet de flatteuses citations ; faut-il les reproduire ici ? Nous risquerions d'en omettre quelques-unes et d'allonger cette étude au-delà des limites qui nous sont permises.

Mêmes manifestations de zèle et de dévouement à la cause française de la part des populations civiles. Tel ce modeste manœuvre de Chéragas, Chabane ben Mohamed, qui, ainsi que l'atteste le Gouverneur, « fut appelé à décharger des balles de pommes de terre destinées à la soupe populaire » et refusa toute rémunération en disant : « C'est pour la France que j'ai travaillé, je n'ai fait que mon devoir ». Telles ces tribus de diverses communes mixtes, elles aussi citées dans le discours du Gouverneur, qui, « recevant des commandes de peaux de chèvres et de moutons d'une valeur de 12.654 francs, ont refusé tout paiement parce qu'il s'agissait d'envois à l'armée ». Telles, enfin, d'autres tribus indigènes, transformant le paiement de ces fournitures en dons à diverses sociétés de bienveillance et d'assistance. En comparaison de ces manifestations collectives, qu'est-ce donc que les actes de banditisme dont on a fait grand bruit et qui s'expliquent surtout par la diminution des agents chargés de faire la police dans les campagnes !

❖ ❖ ❖

A ces preuves d'attachement, la France a répondu par des marques multiples d'une bienveillance encore plus agissante que par le passé. Elle a d'abord étendu aux femmes indigènes les allocations qu'elle payait aux femmes des mobilisés français. Ce fut là un geste politique et humain. Il eût été souverainement inéquitable que, durant la guerre et du fait de cette guerre, des femmes et des enfants d'engagés indigènes subissent les privations de la misère parce que leurs maris ou leurs pères se battaient pour la France sur les frontières. Mais il était d'une générosité bien française de négliger les différences de milieu et de ne pas tenir compte des besoins si divers de l'existence en Algérie et en France ; aux familles musulmanes, comme aux familles françaises, la patrie paie la même allocation mensuelle.

La dépense se chiffre aujourd'hui par des millions. On peut la mesurer exactement depuis que les résultats financiers de l'année 1915 sont partiellement connus. Dans les deux départements d'Oran et de Constantine, on a payé de ce chef plus de huit millions ; lorsqu'on y ajoutera la part du département d'Alger, l'ensemble montera à près de douze millions. Encore doit-on ajouter que l'Etat n'a commencé à verser ces allocations aux femmes indigènes que dans les premiers mois de l'année dernière.

Nous voyagions en Algérie aux vacances de Pâques, lorsque dans un compartiment de chemin de fer nous entendîmes une conversation qui s'échangeait à voix haute entre plusieurs indigènes de la région de Bône. Chacun d'eux s'accordait à reconnaître que le paiement mensuel de l'allocation avait non-seulement assuré la subsistance de nombreuses familles indigènes, mais même amélioré un état qui avant la guerre était peu favorable. Quelques-uns affirmaient que rien que l'annonce de cette allocation avait fait augmenter le nombre des engagements, et que de ce jour les femmes avaient été les meilleurs agents du recrutement français. Tous, enfin, disaient que la facilité avec laquelle les femmes indigènes, bénéficiaires de ces allocations, étaient désignées malgré les obscurités qui auraient pu naître du statut musulman, avait accru si possible la satisfaction générale.

Il est hors de doute que la décision du Gouvernement français, si opportune et si juste en somme, a été très favorablement commentée dans les douars, qu'elle a contribué à relever la situation de nombreuses familles et qu'ainsi elle a gagné à notre cause quelques femmes indigènes. Or, quoi qu'on ait pu dire sur la place inférieure que la musulmane occupe à son foyer, nul doute pourtant qu'elle ne soit appelée à jouer un rôle de premier ordre dans l'évolution de la société arabe : c'était elle qui, enfermée dans les murs de sa maison et sans aucun rapport avec les Roumis, maintenait chez ses enfants cette animosité jalouse, fruit de l'ignorance et des traditions ancestrales. Bien rares étaient celles qui avaient pu connaître les bienfaits de la civilisation européenne ou apprécier la justice du nouveau beylik. Désormais, il n'en sera plus ainsi ; dans les familles qui ont un des leurs au front, on se rappellera que, si la gêne a été écartée durant ces longs mois de guerre, c'est à la France qu'on l'a dû, et cela se répétera par les enfants et se propagera dans les douars.

Peut-être même cette modeste allocation aura-t-elle une répercussion sur l'avenir de la femme musulmane. Comme en France, on a payé à la mère de famille ou à la femme du soldat ; cette simple assimilation de la Musulmane à la Française, si naturelle à nos yeux dans les circonstances que nous traversons, est en réalité une heureuse innovation ; elle prépare et peut-être provoquera un relèvement dans la condition sociale de la femme arabe. En lui accordant et en lui payant ces mensualités, le Gouvernement français la considère donc comme habile à posséder et à diriger, il la déclare la première dans le groupe familial en l'absence de son mari, et, par là, il lui confère une véritable autorité matérielle et morale. En sociologie, ce sont des mesures semblables, imposées par des circonstances imprévues ou dictées par des considérations de justice distributive, qui modifient les conceptions les plus solides, au moins en apparence.

Que d'autres problèmes sociaux dont la solution sera facilitée et avancée par la guerre ! Bizarre conséquence d'un bouleversement sans exemple au monde. Autrefois, on discutait longuement sur l'Algérie, et on ne parvenait point à s'entendre ; les délibérations tournaient court et étaient renvoyées à une date éloignée ; on s'immobilisait sur place, on piétinait. Aujourd'hui, il faut aller de l'avant ; il faut agir plus que parler et, sous l'empire d'une urgente nécessité, on résoud, on tranche les questions ; cela vaut mieux que de perdre son temps dans la controverse.

Le problème de l'emploi de la main-d'œuvre indigène en France et de son organisation s'était posé bien avant l'ouverture des hostilités ; déjà, en 1907, l'émigration kabyle vers la métropole avait pris de l'importance : les ouvriers berbères remplacèrent les ouvriers italiens dans les huileries et raffineries de Marseille. Le mouvement s'étendit, gagna Paris et quelques autres régions du Centre et du Nord, notamment le bassin du Pas-de-Calais. En 1912, une première statistique confirma la présence de 5.000 kabyles dans la Métropole. Or, l'année suivante, au cours de la longue et laborieuse discussion sur les pouvoirs disciplinaires des administrateurs, le député Doizy présenta la situation de ces travailleurs comme des plus précaires ; il signala qu'ils étaient entassés dans des locaux souvent malsains, et stigmatisa l'attitude des compagnies minières se refusant à leur appliquer la loi française sur les accidents du travail.

A la suite de ces révélations, une enquête fut prescrite ; on la confia à de hauts fonctionnaires algériens, assistés d'une notabilité musulmane de la colonie. Elle fit d'abord connaître l'origine et les causes de l'émigration berbère : densité de la population dans les montagnes de la Kabylie, où elle atteint et parfois dépasse celle des régions industrielles belges ; suppression, par la paix française, des luttes séculaires au cours desquelles ces tribus turbulentes perdaient le trop-plein de leurs guerriers, insuffisance de la terre à cultiver, vieilles habitudes de colportage kabyle, diffusion de l'enseignement, création enfin de besoins nouveaux par le développement du bien-être et l'exemple des colons français. Elle indiqua, d'autre part, les meilleures mesures à prendre pour diriger et canaliser cet exode qui, loin de s'arrêter, se précipita en 1913 et en 1914.

C'étaient au moins dix mille Kabyles qui se trouvaient en France, quand furent tirés les premiers coups de canon ; la plupart travaillaient dans les mines du Nord. Les usines fermèrent. Les voilà, chômeurs forcés, refluant vers Paris. Ils étaient si nombreux qu'on fut forcé de les établir dans un camp de concentration au Bois de Boulogne, et de les entretenir aux frais de la colonie. D'autres ouvriers, restés sur place, demandaient instamment aux autorités françaises de les rapatrier ; quelques-uns voulaient s'enrôler. On songea un moment à les occuper dans les campagnes. Mais, comme à ces heures difficiles ils étaient fort gênants, et que toutes les pensées du Gouvernement et de l'Etat-major étaient tournées vers les graves évènements qui se déroulaient dans les régions du Nord, le mieux parut être de les ramener en Algérie. Ordonné par le Ministère, le rapatriement fut effectué par les soins et aux frais de la colonie.

Souvent, dans des conversations, nous avons entendu des personnes chagrines se lamenter de ce que des ouvriers kabyles aient été témoins des atrocités commises par les hordes barbares sur nos cités industrielles du Nord. Dans quel état d'esprit devaient-ils se trouver à leur retour ? Quelle déchéance, semblait-il, de la puissance française ? Or, par une répercussion en apparence anormale et au fond très logique, la confiance des groupes indigènes, surtout de ceux chez lesquels s'étaient recrutés ces premiers émigrants, n'a jamais été plus complète que depuis la guerre. C'est que ces rescapés de la guerre ont, par leurs récits sensationnels sur les scènes de destruction systématique, propagé et avivé la haine contre l'ennemi commun dont eux aussi avaient été plus ou moins les victimes. Ces spectateurs africains du plus grand drame qui ait ensanglanté l'Europe n'ont pu qu'établir une comparaison avantageuse entre nos méthodes de guerre et celles des barbares d'outre-Rhin.

Si nous sommes bien renseignés, ces ouvriers algériens, on veut aujourd'hui les ramener en France et les occuper les uns dans nos usines, nos ports et nos mines, les autres dans nos campagnes où la main-d'œuvre fait défaut. On les embaucherait, non plus par milliers, mais par dizaines de milliers ; il en viendrait de Tunisie et du Maroc comme de l'Algérie. Des commissions se sont occupées de cette éventualité et ont émis des vœux pour que certaines précautions soient prises spéciales à ces Africains, qu'un modèle de contrat de travail soit établi et que toutes les garanties soient données en vue de leur rapatriement.

L'appel de la France sera entendu ; il l'est même, croyons-nous, à cette heure. Encore faut-il pour que cette émigration rende tous les services qu'on en attend, qu'elle soit habilement dirigée par des agents au courant des coutumes musulmanes ; la moindre erreur de méthode ou une simple ignorance pourrait la compromettre. Bien entendu, il convient aussi qu'elle laisse à la colonie les bras indispensables aux travaux algériens, car l'activité économique de ce pays est indispensable à la Métropole. Telle qu'elle est envisagée, cette collaboration rendra des services inappréciables dans le moment présent. Demain, elle rapprochera les Français et les Berbères, et cette solidarité dans le travail et les productions, esquissée sans doute avant la guerre, mais renforcée et généralisée au cours de ces dix-huit mois, sera le trait-d'union entre ces deux éléments.

Les Kabyles sont en général d'habiles ouvriers et de patients cultivateurs ; les Arabes s'adonnent plus particulièrement à l'élevage. Les moutons sont leur grande ressource. L'exportation des ovins n'allait-elle pas être arrêtée ou du moins diminuée ? Et n'était-ce pas une perspective de misère pour les tribus des Hauts-Plateaux et de l'Extrême–Sud ? Le Gouvernement général ne serait-il pas obligé d'intervenir ?

Ce commerce des ovins, la guerre l'avait suspendu en 1914 et, pour cet article, les statistiques douanières marquent un recul sensible sur les résultats de l'année précédente ; celles de 1915 indiquent au contraire que le mouvement d'exportation a repris et même que la valeur des moutons vendus par la colonie est supérieure de près de deux millions à la moyenne annuelle. Voici d'ailleurs les chiffres de ces trois dernières années :

Années	Nombre des moutons	Valeur de ces moutons
1913	1.190.348	39.756.000
1914	689.149	26.187.000
1915	1.090.507	41.440.000

Les raisons de cette plus-value, M. le vétérinaire Trouette nous les a données dans une brochure d'une cinquantaine de pages que le Gouvernement général vient de faire éditer sous le titre : *Les Achats d'Ovins algériens pour l'Armée en 1915 ; les Résultats de la Campagne et ses Enseignements* (1).

Au mois d'août 1914, on était en pleine période du mouvement moutonnier : il commence, en effet, au mois de mai, pour ne se terminer qu'à la fin de septembre. 400.000 moutons n'avaient pas été encore embarqués ; la plupart se trouvaient dans les ports ou à proximité. Brusquement, tout fut arrêté faute de transports. Qu'allaient devenir les nomades du Sud qui comptaient sur l'argent de ces ventes pour effectuer leurs achats de céréales et de dattes ? L'impossibilité de se débarrasser de leurs troupeaux à des prix avantageux risquait de réduire à la misère plusieurs tribus du Sud ; la rentrée de l'impôt se ferait mal, la sécurité pourrait s'en ressentir. Préoccupé par cette situation, le Gouverneur général signala, dès le mois d'octobre, « au « Ministre de la Guerre ainsi qu'à l'Intendance des troupes hindoues « stationnées à Marseille, la possibilité d'utiliser les disponibilités de « notre cheptel pour l'alimentation des armées. »

Si l'idée, remarque M. Trouette, avec toutes ses conséquences heureuses pour la Métropole et la colonie, apparut d'emblée claire et féconde en Algérie, elle eut besoin du temps pour être, en France, nettement comprise et appréciée. Elle eut aussi besoin de passer par l'Angleterre ou plutôt par l'Intendance des troupes hindoues ; ce fut celle-ci qui, la première, décida d'acheter 12 à 1.500 têtes par semaine. Puis, le 13 février, le Ministre de la Guerre français avertissait le Gouverneur que, d'accord avec le Général commandant en chef, il avait résolu de faire consommer aux armées sur le front « de la viande de mouton d'Algérie à concurrence de 40.000 têtes environ par

(1) *Imprimerie Algérienne.* Alger, 1916.

semaine, correspondant à une distribution hebdomadaire. Il y met-
tait toutefois deux conditions : l'une que ces moutons ne seraient
livrés à l'Intendance qu'après s'être refaits par un séjour suffisamment
prolongé dans les pâturages de la Métropole, l'autre que le prix de la
viande sur pied ne devait pas dépasser 0,90 centimes le kilogramme.
On peut juger par là de l'idée avantageuse que l'on professe en France
et dans certains milieux sur la qualité de nos moutons algériens !

Aucune offre ne fut faite, car les prix étaient vraiment trop bas et
les risques à courir trop considérables. L'intérêt de la colonie se trou-
vait cependant sérieusement engagé, et il importait de chercher le
plus vite possible une combinaison réalisable. Une commission à cet
effet se prononça à Alger pour l'achat direct dans les ports d'embarquement. A Paris, on rejeta cette proposition comme impraticable ;
les « chevillards » Marseillais tenaient à garder pour eux les bénéfices
de cette grosse fourniture, ils s'agitaient et se défendaient. L'adjudi-
cation allait être annoncée à Marseille, lorsque le Gouverneur offrit
au Ministre de charger l'Administration algérienne de l'achat et du
transport de ces moutons. Et voilà comment le Gouvernement de
l'Algérie est devenu, pendant cinq mois, le fournisseur de l'armée
française pour la viande de mouton !

Il a livré à l'Intendance 49.000 moutons environ par semaine.
Veut-on les chiffres exacts par mois ? Mai, 36.706 ; juin, 208.994 ;
juillet, 235.564 ; août, 204.983 ; septembre, 195.449 ; soit un total
de 881.696 ovins. Grâce aux précautions prises, il n'y a eu que peu
de déchets pendant le transport. D'après M. Trouette, les résultats
de ce ravitaillement ont été partout considérés comme fort bons. Il
cite l'opinion de M. Vannetelle, inspecteur du Ravitaillement au
Ministère de la Guerre, qui par lettre officielle a exprimé sa vive
satisfaction pour la régularité de la fourniture et la qualité de la
viande. Il cite aussi l'appréciation du major Maud, chargé à Marseille
des achats de bétail de boucherie pour l'armée anglaise : celui-ci a
déclaré que la viande de mouton était bien accueillie par les Hindous,
et il aurait même ajouté que, depuis qu'ils en avaient goûté, ils com-
mençaient à dédaigner la chair de la chèvre dont ils étaient auparavant si friands.

A cet achat direct par les soins du Gouvernement général, l'armée,
la France, la colonie ont assurément gagné. Pour l'armée, en dehors
de l'avantage d'une viande saine offerte une fois par semaine aux
soldats, en dehors de la régularité des arrivages dans la zone du front,
l'Intendance a calculé qu'elle aurait dépensé 9.386.287 fr. de plus
si elle s'était adressée à un adjudicataire ; il est vrai que M. Trouette

réduit cette somme à 7 millions. La France, de son côté, a bénéficié d'un prélèvement moins fort sur son cheptel ovin auquel les premiers mois de la guerre avaient fait subir de très fortes pertes : le 31 décembre 1913, le nombre des moutons en France atteignait 16.131.390 ; le 31 décembre 1914, il n'était plus que de 14.559.586, et le 1er juillet 1915, il tombait 13.483.199. L'apport algérien a ralenti cette chute. Enfin, la colonie a trouvé là un débouché à la fois plus régulier et plus sûr que celui des années précédentes à l'exportation de ses ovins ; d'après la brochure officielle, à laquelle nous empruntons ces renseignements, elle aurait retiré d'une plus petite quantité d'animaux vendus un bénéfice supérieur de 3.657.000 fr. à la moyenne de ses ventes annuelles :

« L'intervention directe de l'État, ajoute M. Trouette, a laissé « aux mains des producteurs et des commerçants algériens le béné- « fice que les intermédiaires auraient prélevé sur les 920.814 ani- « maux achetés par les Commissions de Ravitaillement pour les « Armées alliées ; elle a protégé les exportateurs contre l'élévation « menaçante des prix de transport par mer ; elle les a exonérés des « pertes en cours de route qu'ils subissaient ; elle a enfin, durant « toute la campagne, maintenu les cours à un taux uniforme, empê- « chant les brusques fluctuations hebdomadaires et le fléchissement « habituel de mai à septembre, qui sont si préjudiciables aux intérêts « des éleveurs et des négociants de la colonie. »

Tant d'avantages doivent avoir leur lendemain. Non pas qu'à l'avenir, en temps de paix, l'administration algérienne doive continuer à assurer cette vente et ce transport ; la mesure, prise l'année dernière au milieu de circonstances critiques, doit disparaître avec ces circonstances, mais elle a fourni de précieux enseignements aux Algériens ; à eux de savoir en tirer profit. Le marché moutonnier de l'Afrique du Nord ne doit plus être monopolisé par Marseille dont les commissionnaires avaient pris l'habitude de faire payer à nos exportateurs une série de taxes de plus en plus lourdes, de plus en plus abusives. C'est dans les ports algériens qu'il doit se tenir, aux lieux même d'embarquement. Assurément, ce déplacement du marché, avant d'être accepté, rencontrera d'ardents et de puissants adversaires et il faudra lutter. Peut-être même qu'au cours de cette lutte la colonie devra recourir à des moyens plus radicaux ; parmi ces mesures, M. le vétérinaire Trouette préconise « l'industrialisation de l'exportation moutonnière par les applications du froid ». L'Algérie, en effet, n'est qu'à 36 heures de la Métropole ; elle peut donc employer le procédé dit de *réfrigération*, lequel offre de grands avantages sur celui de la *congélation* et permet de conserver la viande abattue en excellent état pendant trois semaines environ. Ces perspectives d'avenir sont séduisantes ; elles ne sont que les heureux effets d'un, geste audacieux et d'une mesure de guerre. (1)

Si, grâce à ce concours de circonstances, l'exportation des moutons a pu se chiffrer en Algérie par des quantités normales et par des bénéfices supérieurs, il n'en a pas été tout à fait de même pour les bovins. Ici, il a fallu combattre l'exagération des demandes et des sorties d'animaux. Pour les armées en campagne, l'Intendance recherche

---

(1) Nous avions composé cet article lorsqu'on nous a signalé l'ouvrage, publié par M. Alfred Massé, ancien Ministre du Commerce, sur le *Troupeau français et la Guerre* ; *Viande indigène, viande importée*. Ce livre, écrit par un de nos hommes politiques les plus compétents et les mieux placés pour être renseignés sur les problèmes d'économie agricole soulevés par la guerre, contient toute une série d'études remarquables sur le cheptel français et les moyens d'en ménager les ressources. Il est précédé d'une préface qui en souligne l'opportunité et les conclusions hardies : « Votre livre arrive à son heure et il sera lu par tous ceux que préoccupe l'avenir de notre agriculture au lendemain de la guerre... » « Vous rallierez à vous tous les hommes de bonne foi, tous ceux, surtout, qui veulent introduire un peu de justice dans la répartition des bénéfices entre l'agriculteur et ceux qui achètent et vendent ses produits », écrit M. Méline.

La lecture de ce livre si documenté nous a laissé quelque désillusion. Qu'il nous soit permis ici d'en indiquer le motif. Nous avons cherché, en vain, des précisions sur le troupeau algérien et sur l'effort fait par la colonie pour l'approvisionnement de l'armée et de la population française. A peine si par endroit on rencontre quelques allusions rapides à l'existence d'un cheptel algérien. Voici les principales : « Sauf pour le bétail provenant de l'Algérie (page 119), les pouvoirs publics, depuis de longues années, se sont toujours montrés hostiles à l'importation. » « Enfin, les troupeaux, surtout ceux de moutons, qui existent dans notre grande colonie de l'Afrique du Nord, en Algérie (page 160), ainsi que dans les pays soumis à notre protectorat, en Tunisie et au Maroc, constituent pour l'alimentation de la Métropole des ressources qui, en raison des conditions du marché intérieur, sont fort loin de rendre les services qu'on en pourrait attendre Les propriétaires qui expédient leurs animaux en France hésitent à le faire, en raison des exigences des commissionnaires par l'intermédiaire desquels ils doivent passer. Si ces pays étaient dotés d'établissements frigorifiques, ils pourraient se soustraire à ces exigences et nous envoyer leurs animaux dans de bonnes conditions, sous forme de viande congelée ou réfrigérée. » Et l'auteur se contente d'exprimer le souhait que ces établissements frigorifiques soient le plus rapidement installés. Enfin (page 182), il revient sur ce regret, constate qu'aucun des projets « jusqu'ici élaborés n'a encore reçu un commencement d'exécution » et conclut qu'actuellement on ne « peut faire état des ressources du pays ». Cette conclusion est-elle bien exacte ? Par ce que nous venons d'exposer, n'est-il pas démontré qu'on peut précisément faire état de ces ressources ?

surtout la viande de bœuf ; d'où une énorme consommation. L'Algé-rie a consenti un effort démesuré en 1915 ; elle a répondu non seule-ment aux exigences de la Métropole, mais encore aux sollicitations des protectorats voisins, le Maroc et la Tunisie, et peut-être même a-t-elle contribué — sans le savoir — à l'alimentation des pays voi-sins. Alors qu'en temps normal, le cheptel de la colonie peut fournir 26.000 bovins par an à la sortie, il lui a été demandé l'année dernière 58.985 têtes, soit une augmentation de 125 % ; elle a envoyé en Tunisie 19.994 animaux, 5.000 au Maroc et le reste en France.

Or, de tels prélèvements avaient épuisé le troupeau. En semblable matière, il est un point qu'il convient de ne pas dépasser ; si l'on va au-delà, on compromet sérieusement l'avenir ; en juillet dernier, les enquêtes démontrèrent que cette limite était atteinte. A d'autres signes on reconnut qu'il y avait danger à autoriser la sortie de nou-veaux bœufs : l'alimentation du marché algérien devenait difficile et le prix de la viande subissait une hausse continue. Dans ces condi-tions, le Gouverneur général décida par arrêté du 21 novembre 1915 de supprimer les exportations à destination de la Régence. On fut d'ailleurs informé par les journaux de Tunis que partie des bœufs, livrés à l'administration du protectorat, lui servait de moyen d'échan-ge pour se procurer à l'étranger des pommes de terre et du sucre. La *Dépêche Tunisienne* publiait à plusieurs reprises que les échanges avec un pays voisin avaient lieu dans d'excellentes conditions. Pour-tant, on avait refusé le bénéfice d'une opération commerciale aussi fructueuse à l'Algérie. Nos voisins de l'Est conviendront que les bes-tiaux algériens doivent être exclusivement réservés à l'heure actuelle aux besoins de nos armées, où qu'elles se trouvent d'ailleurs. Si, au début, dans une pensée d'assistance généreuse, on a permis la sortie de plusieurs milliers d'animaux à la frontière de l'Est comme à celle de l'Ouest, les autorisations ne seront plus désormais données, — du moins à ce que nous pensons, — que dans la mesure où elles ne nui-ront pas à l'alimentation de nos soldats et avec la certitude que la faveur accordée répondra à un besoin réel et constaté.

Parmi les obligations que créent à un Etat les nécessités de la guerre moderne, celles du ravitaillement de la population civile sont parmi les plus redoutables. Il faut par des moyens énergiques, et souvent hors des usages ordinaires, parer aux insuffisances des récoltes et à la lenteur des transports ; il faut empêcher que les denrées ordinaires atteignent des prix de famine. Dans une colonie ces difficultés sont pour ainsi dire doublées ; car cette colonie se doit de donner, à la métropole qui l'a créée et la défend, l'assistance la plus effective. Nous ne pouvons songer, dans cette étude forcément limitée, à énumérer toutes les mesures prises. Il nous suffira d'en indiquer quelques-unes favorables à tous les consommateurs qu'ils soient indigènes ou européens.

Les hostilités avaient surpris la France en pleine période de moisson ; dans la région du Nord et dans le Bassin Parisien, on commençait seulement à couper les blés et on n'eut pas le temps de tout rentrer, encore moins de battre, la main-d'œuvre s'étant raréfiée brusquement. Pour faciliter la soudure, l'Algérie, malgré sa récolte déficitaire, n'hésita pas à fournir les grains dont la Métropole avait un pressant besoin ; elle envoya 850.000 quintaux de blé à la France continentale et, un peu plus tard, 48.000 en Corse. Bientôt, la Résidence de Tunis supplia à son tour qu'on lui cédât 130.000 quintaux de blé et de farine, et 10.000 quintaux d'orge, ceux-là pour la semence. Quelques expéditions furent dirigées vers le Maroc Oriental, sans que l'on puisse mesurer leur importance, attendu que le commerce des grains et des farines est libre sur cette frontière.

Tous ces prélèvements épuisèrent les disponibilités algériennes. Aussi, dès les derniers mois de 1914, une hausse inquiétante se produisit sur les grains. Pour l'arrêter, on agit rapidement : le Gouverneur général, conformément à une délibération du Conseil des Ministres en date du 4 décembre, interdit la sortie des céréales et de leurs dérivés même à destination de la Métropole. Il favorisa une heureuse initiative, prise par la Chambre de Commerce d'Oran sous les auspices du Préfet, en vue d'importer des blés exotiques. On était prêt à seconder des efforts identiques que se proposait de faire la Chambre de Commerce d'Alger ; mais, à ce moment, un groupe de minotiers algérois, qui avaient fait l'acquisition d'importants stocks de blé à l'étranger, s'engagea à ne pas dépasser dans la vente de la farine un prix maximum fixé pour toute la campagne. La hausse fut ainsi évitée et le prix du pain resta normal.

La récolte de 1915, fort abondante, a empêché la crise de se reproduire malgré des sorties considérables. La France a demandé qu'on lui fournisse cette année là trois millions de quintaux de blé (1), quitte à restituer la partie de ce stock qui serait nécessaire à la consommation locale. De plus, on a autorisé la libre sortie, toujours à destination de ports français, d'un million de quintaux d'orge et de 800.000

(1) Il n'en a été réellement fourni à l'heure actuelle que 1.600.000 quintaux.

quintaux d'avoine. Au reste, en ces derniers mois, afin d'éviter les manœuvres de la spéculation, fort à craindre en ces époques troublées, un décret du 4 janvier 1916 a autorisé le Gouverneur général à effectuer des achats de blé, orges et farines à l'intérieur de la colonie et à procéder, s'il y a lieu, à des réquisitions.

Le sucre comme le pain est aujourd'hui une denrée indispensable à l'homme. Or, pour ce dernier produit, on risquait d'en manquer à bref délai ou de le payer très cher. L'Administration algérienne, prévoyant la hausse des cours, acheta au mois de novembre 1914, dans l'île de la Réunion, 6.180 tonnes de sucre brut, valant, rendues à quai Alger ou Marseille, plus de trois millions de francs. Une partie de ce sucre, — plus d'un millier de tonnes, — à l'état cristallisé, arriva en janvier ; il fut livré par moitié aux services de l'Intendance à un prix très inférieur aux cours pratiqués dans la Métropole à ce même moment. Le reste, — 5.000 quintaux environ, — a été dirigé sur Marseille où il doit être raffiné par la nouvelle Société des Raffineries de Saint-Louis ; puis, il sera ramené progressivement en Algérie où l'Administration le mettra en vente dans les principales épiceries de la colonie ; défense est faite aux détaillants de le céder à des prix autres que ceux qui ont été fixés.

L'opération, des plus avantageuses pour les consommateurs algériens, pouvait paraître assez aléatoire, en ce qui concernait les finances de la colonie ; car elle avait entraîné des prélèvements importants sur la caisse de réserve : 2.970.000 pour les achats de sucre proprement dits, 260.000 pour le transport et l'assurance, 700.000 pour le raffinage. Elle se soldera sans perte : l'Administration qui livre le sucre au prix coûtant a néanmoins calculé ce prix de façon que les sommes avancées rapportent au Trésor public un intérêt de 5 %.

D'autres initiatives, venant celles-là de Chambres de Commerce ou de Municipalités, ont elles aussi sauvegardé les intérêts des populations algériennes. Quelques-unes ont suffi pour atténuer et même pour supprimer dans plusieurs villes cette irritante et souvent déconcertante crise monétaire ; des émissions de petites coupures, la mise en circulation de monnaies de nickel frappées pour la circonstance, ont rendu des services très réels. D'autres mesures ont combattu la hausse abusive de certains produits, due dans la plupart des cas à des manœuvres d'accaparement dont il est difficile de découvrir les auteurs. On cite avec admiration, dans toute la colonie, la conduite d'un maire de la région de Constantine ; il a su, par de nombreux arrêtés qu'il a pris et fait appliquer, maintenir dans sa cité à un prix abordable les denrées de première nécessité.

C'est par des décisions nettes et rapides, par une exécution prompte, « dégagée de vaines formalités, exempte de toute hésitation, de toute incertitude », affirmait le Président du Conseil dans sa déclaration ministérielle, qu'il faut administrer et gouverner en temps de guerre. Aux méthodes de paix, il convient de substituer des méthodes de temps de guerre. Cette adaptation, elle avait été partiellement réalisée, avant que le conseil en fût donné par le chef du gouvernement français, et l'Algérie s'en était fort bien trouvée.

Il n'est pas d'indice plus sûr de l'aisance ou de la détresse des indigènes que les chiffres annuels donnés par les statistiques relatives aux Sociétés de prévoyance. Suivant que les années sont bonnes ou mauvaises, la valeur et le nombre des prêts augmentent ou diminuent tandis que les remboursements suivent une oscillation contraire.

La culture par excellence des indigènes est celle des céréales. Or, pendant la campagne agricole 1913-1914, la récolte fut mauvaise. Au mois de juin de cette année, nous avons été à même, en traversant les hauts plateaux sétifiens, la région de Constantine, celles de Guelma et Soukahras, de constater la pauvreté des moissons qui s'effectuaient au moment de notre passage. L'Algérie était moins frappée encore que la Tunisie ; là, les indigènes purent à peine moissonner. Le département d'Oran et la région occidentale, quoique plus favorisées, n'eurent pas une récolte normale. Aussi, l'Administration dut-elle, sur plusieurs points, ouvrir des chantiers de charité ; elle fut aussi obligée, afin d'enrayer la hausse des blés durs, dont se nourrissent plus particulièrement les populations de l'Afrique du Nord, de traiter avec l'Intendance militaire, pour qu'il lui fût livré une partie des blés réquisitionnés par elle au moment de la déclaration de guerre. Toutefois, à ces cultivateurs indigènes, l'assistance la plus efficace vint des Sociétés de prévoyance : « Nos Sociétés de prévoyan- « ce, déclarait M. Lutaud, si solides et si souples à la fois, ont ouvert « leurs écluses toutes grandes et justifié une fois de plus l'éloge qui « leur a été tant de fois décerné dans le passé. »

On possède aujourd'hui des précisions sur l'œuvre que, discrètement et sous la direction des administrateurs, elles accomplirent alors. Dans le seul département d'Alger, les prêts s'élevèrent à la somme de 3.943.740 francs et les secours à 110.228,95 ; dans celui d'Oran, les premiers atteignirent 6.443.643 fr. 16, et les seconds 28.031,16. Enfin, à Constantine, les chiffres correspondants furent de 3.789.663 pour les prêts et de 61.595,66 pour les secours. Dans la colonie entière, 14 millions furent avancés par des caisses dont l'actif ne dépassait guère 25 millions.

Les ensemencements purent donc se faire à la fin de 1914 dans des conditions normales. Les pluies furent suffisantes en hiver et tombèrent avec abondance au printemps ; les perturbations atmosphériques auxquelles on dut ces pluies tardives sont assez rares dans l'Afrique du Nord, et le bruit courut qu'elles n'étaient qu'un effet des persistantes canonnades du front. Partout, excepté toutefois dans quelques régions où s'étaient abattus des orages de grêle, les blés, les orges, les avoines donnèrent de splendides moissons.

La récolte de 1915 fut bonne ; elle permit, tout en expédiant en France près de deux millions de quintaux qu'elle réclamait, de reconstituer les stocks épuisés. Le Gouvernement algérien, restaurant une ancienne coutume des deys d'Alger, avait, à plusieurs reprises, recommandé aux Sociétés de prévoyance de construire des silos et d'y emmagasiner les blés en excédent dans le but de parer aux déficits des mauvaises années. Il semble bien qu'on a pu remplir en 1915 une partie de ces silos ; la statistique financière du département de Constantine, en ce qui concerne ces Sociétés de prévoyance, évalue à plus de 400.000 francs la valeur des grains existant dans les silos.

Nul doute ne peut plus s'élever aujourd'hui sur l'utilité de ces Sociétés ; par leurs prêts et leurs secours, elles ont assuré en grande partie la récolte de 1915, et rendu un inestimable service à la colonie et à la Métropole ; elles se sont rendu aussi service à elles-mêmes ; car elles ont pu rentrer dans une partie de leurs avances. La valeur des remboursements a dépassé cette année celle des prêts. Nous ne possédons pas les résultats pour le département d'Alger, mais ceux des deux autres départements sont connus. A Oran, tandis que, l'an dernier, les sommes prêtées étaient supérieures de plus de deux millions aux sommes remboursées (6.443.643,16 contre 4.286.312, 38) c'est le contraire qui se produit en 1915 : les secondes l'emport ent sur les premières de quelques centaines de mille francs (4.728.649,01 contre 4.425.844,85). A Constantine, la proportion est plus favorable encore : les indigènes ont pu se libérer d'une grosse partie de leurs dettes : ils ont remboursé près d'un million (remboursements 3.070.012,34 ; nouveaux prêts 2.106.591,13).

Ainsi, grâce à cette belle récolte de céréales, à la vente des moutons, aux allocations payées aux familles des soldats indigènes, la situation des populations musulmanes, loin de s'être aggravée en 1915, s'est sérieusement améliorée.

III

Favorable, la situation matérielle des indigènes l'est sans doute ; mais la situation politique et sociale l'est-elle aussi. Qui pourrait en douter ? L'attitude des indigènes algériens soit dans la colonie, soit sur les champs de bataille a été si loyale qu'elle crée des obligations nouvelles à la France. Sans doute notre politique n'a jamais été, ainsi qu'on l'a prétendu, une politique de compression violente ; elle savait à l'occasion mêler la douceur à la fermeté ; mais ne sait-elle pas aujourd'hui prendre des formes plus bienveillantes ? Si nous nous abstenons ici de toucher aux questions militaires, encore nous sera-t-il permis de rappeler les précautions prises dans les formations sanitaires afin que les blessés musulmans y trouvent non seulement les soins médicaux, mais aussi un réconfort moral et social. On les a réunis dans quelques hôpitaux ; sans être complètement séparés de leurs camarades européens, ils peuvent s'y considérer comme chez eux ; on a appelé, pour les soigner, et des notabilités médicales, françaises et des infirmiers de la colonie ; on a même envoyé dans quelques villes des imams et des fonctionnaires algériens.

Mieux encore, on va élever à l'hôpital du Jardin colonial de Nogent-sur-Marne, une mosquée destinée à faciliter aux blessés musulmans l'exercice de leur culte. L'idée première de l'édification de cette mosquée revient au Ministère des Affaires Etrangères et à la Commission des Affaires Musulmanes. C'est à Nogent-sur-Marne que sont hospitalisés la plupart des indigènes du camp retranché de Paris. Le plan en a été dressé par l'architecte du Jardin, mais sur les indications des imams Si Mokrani et Si Katrandji d'Orléansville et d'Alger ; « Elle comprendra, dit la *Dépêche Coloniale* (11 janvier 1916), une « salle de prières avec son miharah, une salle pour le lavage et l'ex- « position des corps des décédés, et un minaret de 15 mètres de haut. « Dans le voisinage un emplacement aménagé en conséquence facili- « tera aux fidèles les ablutions coraniques. » Pour déterminer d'une façon scientifique l'orientation de l'édifice (chose essentielle pour une mosquée), des astronomes ont été chargés de fixer la direction Nogent-La Mecque. Déjà on s'est mis à la construction ; on l'active, on veut être prêt au « mouloud », au jour anniversaire de la naissance de Mahomet et, ce jour-là, l'inauguration aura lieu.

C'est une autre attention de la France officielle que le projet récemment voté par le Parlement d'un dahr ed diaf ou hôtellerie à la Mecque et à Médine. Les pèlerins algériens qui se rendaient dans ces deux villes saintes de l'Islam étaient fort exploités et leurs doléances étaient d'autant plus vives, que d'autres musulmans effectuaient le pèlerinage dans des conditions plus sûres et moins onéreuses. La France, grande puissance musulmane, se devait à elle-même, comme elle devait à ses sujets, de les protéger et de les aider en Arabie. C'était en même temps un moyen de combattre efficacement dans l'esprit des futurs hadji la propagande des agents allemands et turcs. Déposé au début de décembre par le Ministère, étudié rapidement par les Commissions parlementaires, il était adopté sans discussion par la Chambre le 28 décembre 1915 et quelques jours après par le Sénat.

Au cours des mois de novembre et de décembre, — car jamais on ne s'est tant occupé des affaires musulmanes qu'en cette fin d'année 1915, — le Gouvernement déposait sur le bureau de la Chambre un autre projet de loi, tendant à la désignation de conseillers légistes musulmans auprès de la Commission interministérielle des affaires musulmanes ; le Sénat nommait de son côté la commission dont la création était depuis longtemps décidée et qui serait chargée « d'étudier les réformes que comporterait la situation de l'Algérie ». Enfin, M. Clemenceau, Président de la Commission des Affaires extérieures du Sénat, et M. Georges Leygues, Président de la Commission des Affaires extérieures de la Chambre, adressaient à M. Briand une lettre pressante pour que fût approuvé et réalisé le plus vite possible un programme complet de réformes indigènes.

Le dépôt par le Gouvernement du projet sur les Conseillers musulmans était effectué dans les premiers jours de décembre ; c'était donc une première réponse et une première satisfaction données à ces deux parlementaires dont la lettre fut adressée au Ministre le 25 novembre. Mais, ce ne pouvait être qu'une première satisfaction. Depuis quatre ans, il existait à Paris une Commission des Affaires musulmanes, composée surtout de fonctionnaires de carrière ou de personnalités au courant des questions islamiques ; elle était consultée chaque fois qu'un projet de loi ou un décret, intéressant nos sujets musulmans, était en préparation au Ministère. Or, on avait simplement oublié d'y introduire les représentants des indigènes. Le projet actuel répare cet oubli : il prévoit la création de « quatre emplois de conseillers légistes musulmans, représentant respectivement l'Algérie, la Tunisie, le Maroc et l'Afrique Occidentale Française » ; il fixe en même temps les conditions dans lesquelles ils seront choisis et — voyez la précaution inattendue — ce ne sera pas par l'élection : « Etant donné, dit le rapport (1), que les divers groupements ethni-

____

(1) *Dépêche Algérienne*, 3 décembre 1915.

« ques coexistants dans chacune de nos possessions ne sont pas arri-
« vés au même point de développement, nous ne pouvons encore
« songer à confier aux indigènes le soin de désigner eux-mêmes par
« l'élection les hommes de science auxquels nous entendons faire
« appel ; afin d'éviter les inconvénients fréquents dans les pays de
« civilisation orientale de la brigue et du patronat, il nous a paru
« nécessaire d'édicter des règles minutieuses quant au choix de ces
« conseillers. L'autorité légitime des gouverneurs et résidents exige que
« ce soit à eux qu'appartienne la proposition initiale. Ils devront
« donc rechercher et présenter des candidats parmi lesquels le Gou-
« vernement, assisté des Conseils de la Commission des Affaires mu-
« sulmanes, exercera son choix. » Quiconque a vécu parmi nos populations musulmanes approuvera cette précaution nécessaire ; mais,
si à Paris on estime que c'est là un acte de sage politique, ne pensera-
t-on pas — et c'est pour cette raison que nous avons tenu à citer le
passage tout entier de ce rapport — qu'il y a quelque contradiction
entre cet aveu officiel et les suggestions impératives des deux présidents des commissions de la Chambre et du Sénat ?

Le 25 novembre, en effet, MM. Clemenceau et Leygues adressaient
au Président du Conseil une lettre (1) qui était à la fois un programme
de réformes indigènes et une mise en demeure d'avoir à le réaliser ;
ils rappelaient que les commissions parlementaires avaient étudié
tout un ensemble de mesures, capables de satisfaire nos indigènes
musulmans : « En premier lieu, accession progressive des indigènes
« à la qualité et aux droits politiques des citoyens français sans exiger
« d'eux la renonciation au statut personnel ; — extension du corps
« électoral indigène ; — représentation indigène dans un Conseil
« supérieur siégeant à Paris et destiné à renforcer le contrôle admi-
« nistratif et politique de l'Algérie ; — règles nouvelles précisant et
« garantissant efficacement les droits de la représentation indigène
« aux Délégations financières, dans les Conseils généraux et les Con-
« seils municipaux, en ce qui concerne la répartition des dépenses du
« budget colonial et des budgets locaux et le contrôle de leur emploi ;
« — en conséquence, incompatibilité des fonctions administratives
« avec les fonctions électives ; — participation des conseillers munici-
« paux à l'élection des maires ; — réforme des impôts arabes ; — ga-
« ranties nouvelles accordées à la propriété indigène. »

Il est à remarquer qu'une partie de ces réformes est en voie de
réalisation. Le Gouvernement général et les Délégations financières

(1) *Dépêche Algérienne*, 25 décembre 1915.

ont décidé de supprimer les impôts arabes et d'assimiler entièrement les Indigènes aux Européens en matière fiscale. Encore faut-il des enquêtes fort longues pour connaître exactement l'assiette de la propriété indigène avant de lui faire supporter l'impôt foncier, et puis il importe aussi de fixer les modalités nouvelles d'application de cet impôt aux terres arch. Les recherches se poursuivent et les opérations seraient à l'heure actuelle beaucoup plus avancées si forcément la guerre ne les avait ralenties. Parmi les autres réformes, plusieurs sont décidées en principe et quelques-unes partiellement réalisées, telles que l'extension du corps électoral indigène et la représentation des populations musulmanes dans un Conseil supérieur. D'autres sont probables et prochaines. N'y a-t-il pas quelque hardiesse à affirmer que l'une d'elles, la première que l'on cite et dont on souligne ainsi l'importance, est l'accession des indigènes à la qualité et aux droits politiques de citoyen français sans exiger d'eux la renonciation à leur statut personnel ? Je sais bien que pour atténuer la gravité de la proposition on ajoute que la réforme sera progressive ; le mot a sa valeur, mais sera-t-il maintenu ? On nous assure qu'il ne l'est déjà plus maintenant. Quel bouleversement dangereux dans l'Afrique du Nord et quel contre-sens juridique ? Nos sujets seraient mieux traités que nos nationaux ; c'en serait fait de la colonisation. La réforme est si grosse de conséquences que dans la presse on en a déjà signalé le péril. Et puis, vraiment, se peut-il que ce soient là les principes admis par la Chambre des Députés le 9 février 1914 ? Si nous avons bonne mémoire, nous avons lu dans l'*Officiel* de cette époque que la Délégation indigène, venue peu de temps auparavant à Paris pour exprimer les revendications musulmanes, n'avait été accueillie dans les milieux parlementaires qu'à la condition de renoncer à une naturalisation impliquant à la fois le maintien du statut musulman et l'octroi des droits politiques. Et le geste qu'elle avait fait en renonçant à son statut nous avait paru très beau ; il témoignait en tous cas du prix qu'elle attachait à ces droits.

Qu'en pareille matière on évite la précipitation ! Le navire a été jusqu'ici habilement conduit ; il touche au port et ce serait le moment que l'on choisirait pour le rejeter en pleine tempête. On exalte le loyalisme des Algériens, on se plaît à proclamer leur attachement et leur dévouement à la cause française et l'on a raison, mille fois raison. Mais ne faut-il pas des faits actuels tirer cette première leçon que la politique de bienveillance et de fermeté, suivie jusqu'à ce jour, avait sa raison d'être, puisqu'elle a produit de si heureux effets ? L'heure est venue d'affirmer, dit-on, une politique libérale et confiante ; personne n'y contredira. Et le Président du Conseil a répondu que c'était bien là son intention et que, par ses projets sur les Conseillers musulmans et sur les hôtelleries de La Mecque et de Médine, il s'engageait résolument dans cette voie ; mais pouvait-il promettre davantage ? Il est homme politique trop avisé pour ne pas avoir jugé de la complexité du problème algérien et ne pas avoir fait des réserves sur l'opportunité des transformations radicales que l'on propose.

Cette question d'opportunité est d'ailleurs soulevée dans des conditions assez curieuses par la coïncidence et presque la simultanéité de deux faits : la nomination par le Sénat de sa commission de l'Algérie et l'envoi de la lettre des deux présidents. Le Sénat en effet, désigna ses commissaires le 24 novembre et, dès le lendemain, MM. Clemenceau et Leygues écrivaient au Ministre. Aussi, peut-on se demander si leur lettre était bien faite pour aider les membres de la Commission ou pour leur imposer un programme. Quoi qu'il en soit, M. Monis était nommé président et prononçait à cette occasion un discours (1) où il glorifiait la patriotique fidélité des Indigènes ; il terminait par ces promesses solennelles : « A tous, aux « colons, courageux pionniers, qui ont fait la fortune de l'Algérie et « le bien-être des travailleurs indigènes, aux indigènes aussi, si dignes « de notre affection par leur fidélité, nous allons donner avec la recon- « naissance de la France plus de liberté. Nous n'arrêterons notre en- « treprise qu'au point où nous pourrons craindre de compromettre la « fortune de l'Algérie, sa sécurité et cette union de tous, scellée dans « le sang versé pour le triomphe de la morale humaine. » Peu de jours après, le 9 décembre, M. Jonnart, désigné comme vice-président, faisait à son tour connaître son sentiment sur les problèmes soulevés (2) ; on ne saurait trop approuver les idées qu'il a exprimées, auxquelles une expérience de plusieurs années passées au gouvernement de la colonie donne évidemment une importance exceptionnelle : « L'accession progressive des indigènes aux droits civils et politiques, « aux droits de citoyens français, serait, dit-il, favorisée par l'institu- « tion d'*un régime spécial de naturalisation*, n'impliquant pas la renon- « ciation au statut personnel. Politiquement, *ce régime intermédiaire* « *ne conférerait pas aux bénéficiaires, comme la naturalisation com-* « *plète, l'exercice des droits de souveraineté* ; mais elle entraînerait « l'extension du corps électoral indigène. *Il ne s'agit pas en effet de*

(1) *Afrique Française.* Octobre-décembre 1915, p. 380.

(2) Article du *Petit Journal*, intitulé : *Pour l'Algérie,* et reproduit dans la *Dépêche Algérienne* du 10 décembre 1915.

« *confondre les deux collèges électoraux, l'européen et l'indigène* ; ce
« dernier serait élargi ». Ainsi comprise, — et nous voulons espérer
que ce sont là aussi les sentiments des Présidents des Commissions
des Affaires extérieures à la Chambre et au Sénat, — la réforme est
possible ; elle sera accueillie avec faveur dans la colonie. Que cette
perspective maintienne dans ces jours de crise l'union si nécessaire
entre français et indigènes ; leur solidarité confiante s'est manifestée
partout depuis dix-huit mois dans les œuvres de guerre comme dans
les œuvres de paix ; c'est là « *notre union sacrée algérienne* » et elle
doit être indissoluble.

Le danger de mort que la brutale agression de l'Allemagne a fait
courir à la France et à son empire colonial n'est pas encore conjuré.
Les peuples alliés ont besoin de toutes leurs forces, qu'elles leur vien-
nent de leurs propres citoyens ou de leurs loyaux sujets, pour abattre
la formidable machine de guerre dressée contre eux depuis quarante
ans. La victoire commune sera le prix de l'union de tous, des métro-
poles et des colonies.

Aussi, ne saurait-on répéter trop souvent que ces colonies étaient,
comme les pays d'Europe, menacées par l'avidité insatiable des Ger-
mains. Peut-être, en ces derniers jours, l'appétit teuton a-t-il diminué ; à en croire certains de ses docteurs, sa faim se serait un peu
apaisée. Au début, l'Algérie et toutes les colonies françaises n'avaient
pas paru de trop gros morceaux à avaler ; nul n'a oublié la mémora-
ble entrevue du chancelier Bethmann-Hollweg et de l'ambassadeur
britannique, sir E. Goschen ; tout le monde a aussi présentes à la
mémoire les paroles du chancelier allemand et la façon dont elles ont
été rapportées par l'ambassadeur anglais : « J'ai posé à son Excel-
« lence une question au sujet des colonies françaises. Il me répondit
« qu'il ne pouvait s'engager d'une manière semblable à cet égard ».
C'était donc bien l'ensemble des colonies françaises qu'à la suite d'une
guerre heureuse l'Allemagne espérait annexer. Elle comptait que les
indigènes de ces colonies, et notamment les Musulmans de l'Afrique
du Nord, l'aideraient dans cette œuvre.

Dans un livre, paru en 1914 et intitulé *Allemagne et Islam* (1),
M. le professeur Becker raille lourdement les Français de la peur
qu'ils ont des Allemands ; ces pauvres Français, ils s'en montrent

______

(1) Voir dans l'*Afrique Française*, des mois de janvier et février 1915, un article de M. Augustin Bernard, P. 17 à 19.

ridicules, selon lui, puisqu'ils en sont venus jusqu'à redouter même les innocentes visites que des voyageurs teutons, bien pourvus d'argent, font dans l'Afrique du Nord ; or, ce docteur ne sait pas que, depuis le 24 avril de la même année, le Gouvernement français possède une note officielle allemande dans laquelle sont exposés tous les projets secrets germaniques : « Il est donc absolument nécessaire, y « était-il dit, que nous nous mettions en relations, par des organes « bien choisis, avec des gens influents en Egypte, à Tunis, à Alger et « au Maroc pour préparer les mesures nécessaires en cas de guerre « européenne. Bien entendu, en cas de guerre, on reconnaîtrait ouver- « tement ces alliés secrets et on leur assurerait, à la conclusion de la « paix, les avantages conquis. » Entendez que ces avantages, s'ils étaient accordés, ne le seraient que sous l'hégémonie allemande ; toute l'Afrique du Nord devait être germanisée.

Après les premiers mois de guerre, il semble que l'opinion allemande se soit un peu modifiée ; elle en est venue à une conception plus modérée des possibilités de la conquête, s'il faut en croire un autre de ses innombrables professeurs, M. Kampffmeyer. Vers la fin de 1914 et dans la même collection que son collègue Becker, il a publié un livre sur *l'Afrique du Nord-Ouest et l'Allemagne* (1). Il y dit que « dans la grande lutte actuelle, l'Allemagne n'a rien à attendre de l'Islam dans l'Afrique du Nord » ; il y reconnaît que « les « problèmes qui se sont posés non seulement en Algérie, mais dans « toute l'Afrique du Nord, conquête militaire, pacification, soumis- « sion des indigènes, organisation administrative, législation, œuvre « scolaire, création de richesses par la culture et la colonisation, cons- « truction de routes et de chemins de fer... sont pour la France une « grande source de force et d'énergie nationales ». L'empreinte française est trop profonde pour vouloir l'effacer ; il serait dangereux de prétendre enlever à la France toutes ses possessions algériennes et tunisiennes, mais M. Kampffmeyer estime possible la reprise d'une partie du Maroc. Ainsi, d'après ce docteur, l'Allemagne agirait sagement en limitant ses prétentions au Maroc méridional, c'est-à-dire, à la zone qui avait été revendiquée par sa diplomatie pendant la tension franco-allemande de 1911. Evidemment, c'est la dernière des combinaisons auxquelles nos gouvernants se prêteraient ; pas de porte ouverte, plus d'hypothèque, l'empire nord-africain français, au lendemain de la guerre, doit sans entrave s'étendre de la côte méditerranéenne de Tunisie jusqu'au littoral atlantique du Maroc.

(1) Voir un second article de M. Augustin Bernard, *Afrique Française*, avril 1915, p. 88 à 90

Plus les prétentions allemandes diminuent et deviennent hésitantes ; plus les revendications françaises doivent s'affirmer avec force et plus les efforts combinés de la Métropole et de ses colonies doivent se tendre vers la victoire définitive. Cette guerre dont une des conséquences rêvées par l'Allemagne devait être l'effondrement de l'empire colonial français, il faut qu'elle serve au contraire à le consolider ; il faut que les douleurs subies en commun cimentent plus indissolublement que par le passé l'accord entre Français et Africains ; il faut que l'image de la grande patrie française, que les troupes ont vu flotter sur les champs de bataille avec son drapeau, se grave plus belle et plus pure dans tous les cœurs de ceux qui se sont dévoués pour elle.

Quelle grande, quelle inoubliable leçon n'apportera pas cette guerre mondiale ! A un Etat moderne dont les richesses accumulées sont productrices d'énergie et créatrices de travail, dont le commerce et l'industrie ont besoin de débouchés grandissants, dont la population, même si elle n'est pas prolifique, cherche à employer ses qualités d'intelligence et de volonté à diriger, à assimiler, à coloniser, une colonie est profitable, avantageuse, indispensable même. Loin d'être un fardeau onéreux, comme on l'a déjà dit, elle est une promesse de richesses pour l'avenir et une garantie de secours de toutes sortes dans les moments de grande crise. Efficace a été l'assistance que l'Algérie, et en général l'Afrique du Nord, ont prêtée à la France et que nous avons rappelée dans cette étude. Nous voudrions qu'elle se multiplie si possible. Qu'on intensifie la production agricole ; qu'on réserve à la Métropole et à l'armée nos céréales, nos moutons, nos bœufs, nos chevaux et nos mulets ; qu'on alimente l'industrie métropolitaine de minerais et de matières textiles, même de plantes pour la fabrication du papier.

Autre leçon d'une portée sociale plus haute encore, que dans l'avenir on considérera comme l'enseignement très grand de cette guerre ; nous voulons parler du loyalisme indigène. C'est un fait remarquable qui a pu étonner ailleurs qu'en Algérie, mais qui nous a paru naturel ici ; car on savait en Afrique ce qu'avait produit depuis une cinquantaine d'années auprès des masses indigènes la collaboration d'une colonisation vigoureuse et d'une administration intelligente et juste. On savait aussi, pour en avoir mesuré sur place toute l'exagération systématique, que les ardentes critiques, lancées contre notre politique indigène, étaient fausses et qu'aux résultats on en reconnaîtrait un jour l'injustice. Or, ces résultats, on les a aujourd'hui ; et, s'ils ont étonné quelques polémistes, c'est que leurs critiques avaient dépassé

la mesure et qu'ils n'avaient pas su voir la réalité. De cette constation,
il serait d'ailleurs à cette heure impolitique de triompher ; l'attitude
des indigènes nous dicte de nouveaux devoirs ; les méconnaître serait
insensé d'autant qu'en les remplissant on se rapproche toujours plus
de l'idéal qui, à nos yeux, est le seul que puisse se proposer une colonisation sérieuse et bien française : le rapprochement de deux peuples,
l'assimilation progressive. Encore convient-il de ne pas faire dévier,
par des mesures maladroites et hâtives, un mouvement qui se dessi-
nait parmi ces populations musulmanes. Que dans les réformes nouvelles on tienne le plus grand compte de leur état social et intellectuel!
Et que les impatients se rappellent que parfois le mieux est l'ennemi
du bien !

Victor Demontès.

www.ingramcontent.com/pod-product-compliance
Lightning Source LLC
LaVergne TN
LVHW011400170726
843501LV00006B/1939